U0516683

民国
掌故

艽野尘梦

陈渠珍
——著

中华书局编辑部
——整理

中华书局

图书在版编目(CIP)数据

艽野尘梦/陈渠珍著;中华书局编辑部整理. —北京:中华书局,2025.1
ISBN 978-7-101-16519-7

Ⅰ.艽… Ⅱ.①陈…②中… Ⅲ.西藏-地方史-史料 Ⅳ.K297.5

中国国家版本馆 CIP 数据核字(2024)第 032951 号

书　　名	艽野尘梦	
著　　者	陈渠珍	
整　　理	中华书局编辑部	
责任编辑	杜艳茹	
策划编辑	吴冰清	
封面设计	刘　丽	
责任印制	陈丽娜	
出版发行	中华书局	
	(北京市丰台区太平桥西里 38 号　100073)	
	http://www.zhbc.com.cn	
	E-mail:zhbc@zhbc.com.cn	
印　　刷	河北新华第一印刷有限责任公司	
版　　次	2025 年 1 月第 1 版	
	2025 年 1 月第 1 次印刷	
规　　格	开本/880×1230 毫米　1/32	
	印张 8⅛　插页 4　字数 136 千字	
印　　数	1-2000 册	
国际书号	ISBN 978-7-101-16519-7	
定　　价	48.00 元	

陈渠珍（1882—1952）

芜野塵夢自序

大地河山一虛妄境界耳非宇宙真實之本體也虛云者有成與毀也皆相對者

也惟無成與毀者為絕對斯即真實本體也故即真實亦為假絕對為假即假即真即

真即假莊子一書破對待明本體即真見也假也孔子刪詩訂禮為萬世立人極即假

見真也故假為差別界之假有凡一切事物之有形者皆是也惟聖與哲知其有知

其假而又知有所由有假所由假故因有因假而建立一切法大而怪齊治平之道

小而卜筮星相之術皆於是乎著焉

乾父坤母人身亦一小天地耳惟能返觀內心者能洞見乎吾身之本原而一一證

之於宇宙之本體則凡吾身之所有皆宇宙之所有也即人心以見天心因天心以

明人心而天人相與之妙氣機感應之神皆因真假而顯現焉為卜筮星相者亦因

假以見真者也惟中人不可以語上為毅為陰陽五行雜以方術訣要又繁之以圖

式以示其當然之連後之人希能籍是以求之則凡世運之隆替國家之治亂以及

民国版《芜野尘梦》自序

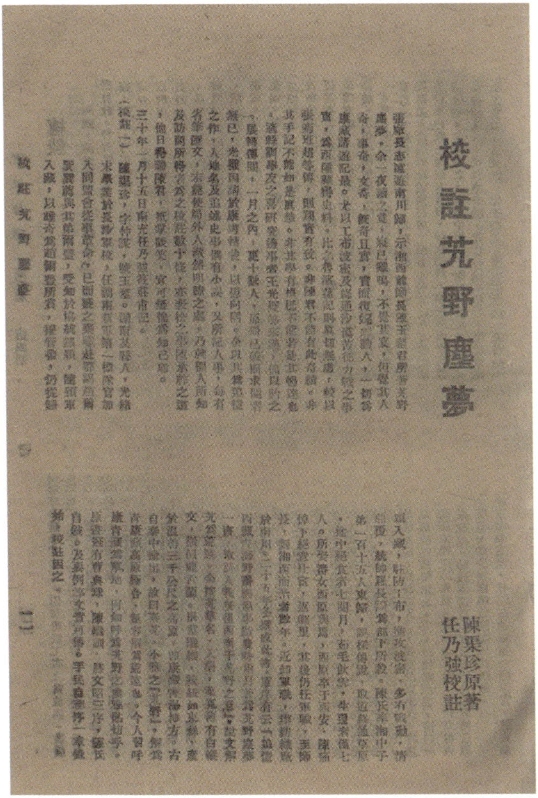
校註艽野塵夢

陳渠珍原著

任乃強校註

《康导月刊》载任乃强《校注艽野尘梦》

陈渠珍进出藏路线图

前　言

　　陈渠珍（1882—1952），原名开琼，字仲谋，号玉鍪，湖南凤凰人。7岁入私塾，后在本县学堂、芷江书院读书。1906年，毕业于长沙武备学堂，任湖南新军队官，并加入同盟会。后弃职，赴武昌拜谒湖广总督赵尔巽，经其推荐，投靠川边大臣赵尔丰，任四川新军三十三混成协六十五标队官。1909年，随军入藏抗英平乱，屡立战功，升管带。辛亥革命爆发，西藏驻军闻风骚动，陈渠珍率部东归，跋涉万里，经青海达陕西西安。1913年，回到湖南湘西，出任湘西镇守使署参谋。1918年，护法战起，任护法军第一路军参谋长兼第一梯队团长，旋代理司令。由此，他开始了立足湖南，经营湘西数十年的生涯。1935年春，所部开出湘西，接受南京国民政府改编，他以湖南省政府委员空衔移驻长沙，第一次结束了湘西割据的局面。1937年，参与"倒何"运动，迫使湖南省政府主席何健离湘，次年，出任任沅陵行署主任、湘西绥靖公署主任。1939年，国民政府迁都重庆，湘西成为西南门户，国民党中央军进驻，陈离湘入川，任军事委员会中将参议等职，直至抗战胜利才返回凤凰。1949年，再次复出，任湘鄂川三省边区绥靖副司令兼湘西行署主任，同年率部起义。新中国成立后，为全国第一届政协委员、第一届全国民族事务委员会委员、湖南省人民政府委员。1952年，因病去世。著有《艽野尘梦》《芷江清乡善后章程》《军人良心论》《寥天一庐日记》《湘西十三县农林建设方案》等。

1936年，赋闲长沙的陈渠珍，在居处"寥天一庐"，追忆往事，将其1909—1912年进出西藏生死经历汇辑为一册，写成《艽野尘梦》。书名"艽野"一词，出自《诗经·小雅·小明》"我征徂西，至于艽野"。"艽"一音求，远荒之意；一音交，为一种多年生草本植物，生长在海拔三千米之高原，即康藏青海地方。作者以"艽野"指代青藏高原，书名便有青藏高原风尘录之意。

该书正文共十二章，各章以事件、地点为标题，内容记述了陈渠珍在辛亥革命历史大变革之际经历的政治动荡和战争风云，穿越茫茫雪域和大漠的冒险以及令人痛彻心扉的爱情悲剧：1909年从军，奉川滇边务大臣赵尔丰之命随川军钟颖部入藏，只身携带藏语翻译，深入敌方侦查，凭借机智果敢，化险为夷，返回军营升任管带，后参加攻取恩达、江达，收复工布，远征波密乱军等战役。驻藏期间，同当地藏族民众、官员、喇嘛来往密切，还与藏族少女西原结识。1911年，辛亥革命爆发，驻藏川军哥老会组织闻风响应，杀害统帅罗长裿，并欲推举陈渠珍为统帅。陈渠珍出于多方面考虑，决定弃职东归。他率领湖南同乡和亲信115人，取道青海回中原，途中误入酱通沙漠（今位于羌塘无人区），断粮七月余，忍饥挨饿，茹毛饮血，趋驰于风饕雪虐、沙飞石走、狼嗥虎啸之中，仅7人生还。西藏少女西原，也于西安染病身亡，年仅19岁。

该书是一部重要历史资料，记录了英、俄帝国主义觊觎和争夺下西藏地区的复杂局势，清末封疆大吏和新军内部的争权夺利、勾心斗角；记载了辛亥革命对西藏和川军的重大影响，西藏地方当局、同盟会、哥老会等不同政治势力较量的实况，反映清末民初川边、西藏军政情势。该书也是一部优秀游记，描述成都、昌都、江达、工布、波密、鲁朗、羌塘无人区、通天河、丹噶尔厅、兰州、西安等地的山川地理、气候特征、社会生活、语言文字、民族习俗、饮食服饰、宗教信仰、经济物产，反映百多年前川、藏、青地区的风俗民情和人文地理。该书还是一部优秀的纪实文学作品，语言行云流水，情节前后呼应，人物性格鲜明，内容丰富多彩。该书述命运，跌宕起伏，讲战争，惊险残酷;写爱情，字字感人，说历险，处处惊心。"但觉其人奇，事奇，文奇，既奇且实，实而复娓娓动人，一切为康藏诸游记之最。尤以工布、波密及酱通沙漠苦征力战之事实，为西陲难得史料。"

正因如此，《艽野尘梦》流传至今，不断为人整理、演绎出版。《艽野尘梦》最初于 1937 年印行，为繁体竖排铅印本，无标点，线装一册。正文前，有陈渠珍照片、文字正误表，他序三篇，作者自序、要例、总叙各一篇，后附《附篇》《赵尔丰轶事》《西藏见闻杂俎》三章。正文天头部分，有小节标题。同年，作者将之赠与国立北平图书馆（今国家图书馆），于 6 月 21 日入库庋藏。后于，1938 年，印行第二版。

1940 年代，研究边事的藏学家任乃强先生从友人张志远处得到《艽野尘梦》，并将之介绍给边政学界友人。未料，该书颇受欢迎，"辗转传阅，一月之内，更数十人，原册已破，而求阅者无已"。于是，应友人所请，任先生在 1940—1942 年的《康导月刊》上连载《校注艽野尘梦》。该著对原书中人名、地名及追述史事的错讹，所记人事有省笔隐文而不能使人明了之处，予以改正、订补、校注，并有弁言一篇、路线图，同时删去自序、要例、附录。

1982 年，任乃强先生对校注本勘定补充后，由重庆出版社以《艽野尘梦》为名出版，这是该书在新中国成立后的首次面市。1999 年，西藏人民出版社以之为底本，重新出版。2006 年，湖南人民出版社出版陈渠珍女儿陈元吉编的《陈渠珍遗著》，其中收录《艽野尘梦》，对初印本予以校勘标点。

2009 年，西藏人民出版社出版了《艽野尘梦：西藏私家笔记 1909—1912》。该书对 1999 年版本重新排校，并补充注释，手绘插图，后于 2011 年第三次出版。之后，湖南人民出版社、广东旅游出版社等数家出版社推出了不同版本的《艽野尘梦》。此外，还有出版社出版了白话演绎本，以便读者了解和阅读原著，如 2006 年十月文艺出版社的《如意高地》、2011 年朝华出版社的《西藏生死线》等。

本次出版，以国家图书馆藏 1937 年初印本为底本，参阅民国刊《校注艽野尘梦》及其他资料，订正原文讹误、脱漏部分，对关键人物、古今地名、追述史事的错讹、部分史事背景作注说明。底本有错讹的地方，在〔　〕内改正，增补脱字用〈　〉，衍文用 [　]，底本缺损的字用□代替。底本各部件，除他序三篇移除外，其他均按原顺序编排。繁体字、异体字一般改为现代汉语规范用字，底本中对同一人名，或记本名、或记字号，因使用同音字替代而致互歧者，均保留。个别人名，或因作者耳误而录错者，加注释说明。此外，本书增加手绘陈渠珍进出藏示意图、清末民国康藏旧照片，并节选《西藏始末纪要·达赖入觐》《西藏纪要·征剿波密始末》《辛壬春秋·西藏篇》三篇文字，作为附录，以便读者了解相关史事背景。原文中一些表述，因作者身份、时代的影响，难免带有局限性，如将藏族民众称为"番人""番民"，所录英国侵略者麦克唐纳著《旅藏二十年》的片段存在错误表述，本书已在页下注中说明，出于提供原始文献之目的，不作改动，请读者明察。

中华书局编辑部

2024 年 11 月

目录

附　录

自　序

　　大地河山，一虚妄境界耳，非宇宙真实之本体也。虚妄云者，有成与毁也，皆相对者也。惟无成与毁者，乃为绝对，斯即真实本体也。故相对为假，绝对为真，即假即真，即真即假。《庄子》一书，破对待，明本体，即真见假也。孔子删诗订礼，为万世立人极，即假见真也。故假为差别界之假，有凡一切事物之有形者皆是也。惟圣与哲知其有，知其假，而又知有所由有，假所由假。故因有因假而建立一切法，大而修齐治平之道，小而卜筮星相之术，皆于是乎著焉。

　　乾父坤母，人身亦一小天地耳。惟能反观内心者，能洞见乎吾身之本原，而一一证之于宇宙之本体，则凡吾身之所有，皆宇宙之所有也。即人心以见天心，因天心以明人心，而天人相与之妙，气机感应之神，皆因真因假而显现焉。卜筮星相者，亦因假以见真者也。惟中人不可以语上，乃设为阴阳五行，杂以方术诀要，又系之以图式，以示其当然之迹。后之人苟能循是以求之，则凡世运之隆替，国家之治乱，以及一家之盛衰，一身之荣辱，一事一物之利害得失，莫不如响斯应，毫厘不爽，非偶然也。

　　命相之说，世皆以迷信目之。而不知其认科学为真实，斯则迷信之尤者。佛言欲解念定慧，彼西洋哲学，犹止跻于佛家之第二阶段，宫墙外望，安知大道，其科学之浅肤，更无论矣。予中年后，究心斯道，略有所见，始知命相之说之非虚也。特精此者十不遇一焉。年来习闻长沙吴竟成君精命相，今秋来省，酬酢纷繁。一日，偕老友滕文卿过紫荆街，见东向一宅高悬"吴竟成寓"四字，忽忆旧闻，相偕入访。竟成问庚甲已，手书目注，久之，向予言曰："怪哉！此命打不死，杀不死，骂不死，穷不死，饿不死，跑不死，累不死，苦不死，气不死。"言不死者九，而无一不中予怀，予命诚苦矣！复谈予四十年之经过，又若身亲而目击焉。竟成操术亦神矣哉！不觉为之竦然。犹忆壮岁从军塞外，入死出生，危于腊左，险于昌都，几败波密，殆死青海，九不死亦居六七矣！往事回溯，痛彻于心。爰追忆西藏、青海野番经过事迹，费时两月，著为《艽野尘梦》一书，取诗人"我征徂西，至于艽野"之意，亦自伤身世之艰难也。

予尚有《湘局二十五年之一瞥》，尤详于剿匪事实，将继此书而出。则予之九不死，斯尽之矣。嗟呼，风声既济，众窍为虚。兹篇之作，亦自鸣其调调之刁刁者耳！

世有知者，或不笑为小鸟之斗鸣，则幸甚矣！

中华民国丙子年除夕

陈渠珍自序于长沙寥天一庐

要　例

一、予未入藏以前，搜求前人所著西藏游记七种，读之茫然，不解所谓也。由藏归来，复购近人所著西藏政教及游记八种读之，又若千篇一律也。前之记述，皆西藏数百年前相传神话。证以予之所见所闻，则十无一二可征信焉。近之记述，又皆抄袭康藏各机关之档案册籍，汇集成篇，率于藏事无深刻之观察。故虽言之成文，实则按之无物。

一、自来游西藏者，皆遵驿路而行。即由打箭炉 **1**、巴里塘 **2**、昌都、硕板多 **3**、江达 **4**、墨竹工卡入拉萨，或由印度经大吉岭、亚东关、江孜入拉萨。凡西藏之北部，如类乌齐、三十九族 **5** 等，已绝少行人。而南部之工布 **6**，地势僻远，更为游人所不至。进而如波密，不独无汉人足迹，即素号统治全藏之达赖，亦未能以一介之使深入其地。再进而为野番，则自古声教未通之地也。其人野居而穴处，饥餐而渴饮，地尽荒远，民犹太古，虽犷悍如波番，亦不敢越雷池一步，其他游人更无论矣。故遍观新旧舆图，不仅于工布、波密、野番之山川地名完全错误，即驿路以外南北各部之山川地名，亦错误百出也。大抵一般游历西藏者，皆足不出拉萨，行不离驿路，见闻所囿，记述舛误有由来矣。

一、巴颜喀喇山为青海西境三大山之一，乃昆仑之北支，亦即长江、黄河所发源。按之新旧舆图，其山脉起于帕米尔之东，经新疆入青海，沿西藏之北，以抵昌都西境，一若由藏入青，必经之大山也。乃予出藏时，过江达行一日，即分道北向，经哈喇乌苏[7]入酱通沙漠，辗转过盐海，以达青海，行数千里平原大漠，未尝经过大山。虽途中时有山丘，亦高不过二三丈而已，始终不知舆图中所谓巴颜喀喇山者何在。究之此山发现于何时何地？是谁身历其境而目击其山？自有西藏舆图以来，即有此山之名，亦可怪矣！意者康地与新疆各有大山，逶迤入青海，两山间一片荒漠，人迹罕至，研究舆地者，无法征实，遂以臆测之，以为两大山遥遥相对，势必衔接为一，抑或以江河导源于此，两水之间，必有大山，遂错误至此。夫河有伏流，岂山亦有伏脉耶？此则匪夷所思矣。

一、予驻军工布、波密将及两载，凡此两地之偏陬僻壤，皆所亲历，乃一阅近时西藏舆图，关于工布、波密之山川地名，则颠倒错讹，至不可以究诘。偶有一二近似之地名，又东西易位，南北易方，亦不知当时何所根据，而胡乱填写如此。如所载工布之屈罗、次拉、路萨等地，然工布实无此近似之地名。他如腊左，则误为腊谷。鲁朗[8]在东，而又误列在北。又如波密之冬九与东珠宗实为一地，而误立两名。彝贡 **9** 在汤买之北，则误北以为南。他如龙勒、喀普岳、董定坝，皆非波密所有之地名，而任意填写如此，更可怪也。昔人谓古书不可尽信，予谓边区舆图，更不可信也。

一、予由川入藏，以至工布，均有极详细之日记及经过地之略图。迫纳衣当噶退兵时，部队越山走，行李沿大道行，予之日记置行李箱中，途次为对河伏兵猛射，驮牛受伤坠崖，行李箱遂失之矣。至由藏归来，取道青海，一片荒漠，无人烟、无地名，故止能分段叙其概要，不能分日分地详细记述。

一、予窜身青海，因道路迷失，步行万余里，历时七阅月，其间绝食五月，绝火二月，从人一百一十有五，沿途死亡几尽，生还者仅七人而已。是篇之作，盖亦予一生之痛史也。所经千险百艰，虽时逾念载，亦未尝不时时盘旋于脑海之中，惟事涉奇离怪诞者不记也，事涉私人隐恶者不记也。故篇中所记虽一事一物之微，亦必力求平实，而不敢漫作溢美溢恶之词以求快意也。

一、本书取材，悉就身所经历及目见耳闻之所及，核实记述，绝不抄袭任何书籍凑集成篇。故关于西藏之宗教、政治、文化、经济、交通等，不能分门别类作整个之记述，亦不得已也。

注释

1　打箭炉，今四川省甘孜藏族自治州康定市，为川藏咽喉，素以川藏要冲著称。

2　巴里塘，即今四川省甘孜藏族自治州巴塘、理塘两县。巴塘，别名巴安。

3　硕板多，今西藏自治区昌都市洛隆县。

4　西藏自治区现有江达县、工布江达县，前者属昌都市，后者属林芝市，陈渠珍所到"江达"，为工布江达县一代。

5　三十九族，又称霍尔三十九族、藏北三十九族，是清代对游牧于今西藏自治区那曲地区东部与昌都地区西北部一带三十九个部落的总称。

6　工布，藏语凹地、盆地之意，是林芝地区的古称，包括工布达江、林芝、米林县一带。

7　哈喇乌苏，藏语地名那曲的蒙古语译名，今西藏自治区那曲市。

8　鲁朗，今西藏自治区林芝市鲁朗镇。

9　彝贡，今西藏自治区林芝市波密县易贡乡。

总 叙

西藏黄教之概略·达赖外附

西藏，古唐古特[1]之一种。汉为西羌，唐为吐蕃，明为乌斯藏。素奉佛，初崇红教[2]，习符咒及吞刀吐火之术。有宗喀巴者，入大雪山苦修，道成，乃正戒律，排幻术，创立黄教[3]，风行全藏，红教浸衰。其高足弟子二，长曰达赖，即当时藏王，驻拉萨，握政教权，统治全藏，与罗马教皇同；次曰班禅，驻后藏，仅负教皇虚名而已[4]。

藏人屡为边患，叛服无常。清初以兵征服，降号称藩，设驻藏大臣管理监督[5]。因其险远，仅利用宗教羁縻之。既而印度沦英，英之陆军直达喜马拉雅山。回部降俄，俄之势力亦骎骎逾帕米尔高原。于是英人欲得西藏，进窥康蜀，以完成其扬子江势力。俄人亦欲得西藏，扣印度，逾葱岭，夺

1901 年驻藏大臣衙门

新疆，席卷蒙朔。英人自失北美，视印度为天府，恐俄捷足，因先发制人，利诱达赖，认西藏为独立国，与唐古特政府直接订立英藏新约。钦使某，且为署名签字，自后清廷遂不能过问藏事矣 [6]。

英兵侵藏·达赖出亡

达赖既入英人彀中，驻藏大臣类皆昏庸老朽。清末孱王守位，淫后专权，不知强邻逼处，宜固藩篱。达赖亦渐知英之阴谋，其属下藏王边觉夺吉 [7] 饶智略，见英人虎视眈眈，乃联俄拒英，借贺俄皇加冕为名，赴俄京以施其纵横捭阖之术。英闻之怒，遣精兵数千，逾雪岭，入藏问罪。达赖固以活佛自居，至是亦就其建亭寺护法，跳神问卜，以决和战。护法大言曰："佛能佑我，敌可虏而收其器械，请决战。"达赖信之，调藏中兵数千，拒英兵于庆喜关外。英人涉险深入，遇伏仓卒合战，死亡百余。稍却，复整军进。藏兵悉乌合，卒大败，死千余人，遂望风披靡 [8]。

达赖知大势已去，乃捕建亭寺护法寸磔之，因〔囚〕其母于工布之凯浪沟，尽携珠宝珍物数百驮，率千余人出奔至哈喇乌苏。因行甚缓，恐英兵追及，乃封存宝物于其喇嘛寺，留兵守之，仅率百余人入京求援，为慈禧诵皇经祈福。慈禧素佞佛，乃命川督遣混成一协赴援 [9]。予时任川陆军六十五

十三世达赖喇嘛觐见慈禧太后图

标队官 **10**，亦与役入藏焉。

湖南之新军

予自长沙军校毕业后，任湖南新军第一标队官。湖南新军创自湘督端方，以旧有巡防军改编为一、二两标，士皆椎愚，将校多出身行伍。独予队兵卒，新募自宁乡，皆青年学子及茂才廪膳生。其时，革命思潮已萌芽于内地，湖南民气尤激昂。革命先进，迭遭失败，知非联络军队不足以颠覆满清，乃设同盟会支部于长沙。予鉴于清政不纲，外侮凭陵，方醉心于政治革命。窃幸所部皆青年俊秀，乃于军事训练外，授以国文、史地、测算诸科，期年之后，思想为之一变，且大半加入同盟会，尝秘密集会于天心阁，士气日张，泛驾跅弛 **11** 之行，不可复制。

辞职入川

予既懔古人勿撄人心之戒，以为从此鼓励激荡，清政可覆。然债骄之祸，收拾綦难，则始于救国者，必终于误国。因是，决计解职归里。越年，同学友约赴鄂谒鄂督赵尔巽。尔巽在清疆吏中最明达。抚湘时，锐意兴学练兵，予等皆受其陶铸者也。其弟尔丰督川，将有川边之行，亟需材，尔巽为资遣入蜀。至成都，尔丰疑湘人皆革命党，不即擢用。未几，尔巽移督川，尔丰授川边大臣，始任余为六十五标队官，隶协统钟颖[12]部，旋分防百丈邑。

从军援藏

军余多暇，知英人谋藏急，部下有自藏归者，辄从问藏中山川风俗，参以图籍，深悉藏情。适钟颖奉旨援藏，予见猎心喜，上西征计划书，于藏事规划颇详尽。钟颖大加称赏，立召余回成都，委援藏军一标三营督队官。予以眷属浮寓成都，留无依，归无资，送无人，力辞不就。管带林修梅[13]力劝不已。钟颖复馈多金，优给月廪，余感其意，遂行。

辞家出塞

时革命思潮遍于中国南部。四川僻在边隅，一年之中，捕拿革命党，破获机关之事，时有所闻。青年志士，亦渐染革命思潮，群起作排满运动。余入藏之心虽决，时侄方大病，妻年少，凄凉异地，形影相吊，闻予将出塞，均痛哭牵衣。予至是亦觉儿女情长，英雄气短。顾钟颖遇我厚，又念革命潮流，终难避免。异日茫茫禹域，谁是乐郊？且余在军未尝他务，而川当局犹以革命党目之，久客他乡，殊非长策。西藏地僻远，而俗椎鲁，藉此从戎之机，漫作避秦之游，亦计之得也。乃百计安慰家小，摒挡家事，挥泪而行。时宣统元年秋七月既望也。

注释

1 唐古特，又译唐古忒，清代文献中对青藏地区及当地藏族的称谓。任乃强先生认为"唐古忒"是清人对西藏的称呼，名称非古，不当冠于汉前，故校注时删去此句。

2 红教，即藏传佛教宁玛派，因该派喇嘛穿戴红帽，故俗称"红教"。

3 黄教，即藏传佛教格鲁派，因该派喇嘛穿戴黄帽，故俗称"黄教"。该派由宗喀巴（1357—1419）创立，并在发展过程中确立了活佛转世制度，后逐步发展为藏传佛教影响最大的教派。

4 达赖、班禅是藏传佛教格鲁派的两大宗教首领，但均非宗喀巴的首座弟子。宗喀巴的弟子众多，首座弟子是贾曹杰，被指定为宗喀巴的接班人；二弟子克主杰、最小的弟子根敦珠巴，他们在达赖、班禅转世制度确立后被追认为一世班禅和一世达赖。达赖至三世时才开始被蒙藏人民崇奉，有尊号。

5 驻藏大臣始设于雍正五年（1727）。乾隆末年，清廷平定廓尔喀入侵后，颁布《钦定藏内善后章程》，驻藏大臣的权力和地位由此真正确立，开始掌握西藏政务。

6 19世纪末20世纪初，英俄在亚洲的争夺日趋激烈，西藏成为二者谋求亚洲霸权的必争之地。1903年，英国发动侵藏战争，并于次年侵入拉萨，威逼西藏地方政府签订《拉萨条约》。"印藏新约"即指此条约。"钦使某"即当时的驻藏大臣有泰。"清廷不能过问藏事"即针对《拉萨条约》所规定的西藏一切内政外交都要请示英国,"无论何外国"不得干涉西藏一切事宜方面条款而言。虽然有泰并没有签约,但他对条约的签订有着不可推卸的责任。清政府认为条约有损中国主权,不予批准,要求修改。1906 年 4 月,与英签订《中英续订藏印条约》,规定《拉萨条约》作为附约;英国允不占并藏境及不干涉西藏一切政治,中国应允不准其他外国干涉藏境及其一切;等等。

7 边觉夺吉,全名夏札·边觉夺吉,为清末西藏地方政府官员,即后文所述夏札噶伦。

8 本文叙次有误。清末英军于1888、1903 年两次发动侵藏战争。后一次战争中,拉萨被占,十三世达赖出亡,为有泰上奏弹劾,褫革名号。1907 年,十三世达赖入京陛见后,清政府恢复其名号。

9 十三世达赖最初欲逃亡俄国,清廷多方劝阻,才应邀入京觐见,并非直接入京。十三世达赖离藏后,清政府令张荫棠、联豫等先后入藏办理善后,直接掌握西藏政权。联豫奏准自四川调兵一协入藏驻防,镇慑反侧,非清廷应达赖所请调兵往援。

10 队官,清末新军武官名。当时四川编有陆军第三十三混成协,辖第六十五标三营、第六十六标一营,以及炮标、马标、工程队等。营辖四队,队辖三排,排辖三棚。各级军官名称为协统、标统、管带、队官(哨官)、排长、正目。

11 意指士兵受革命思想影响，不受清王朝统治的约束。

12 钟颖，字鼓明，满洲正黄旗人。其母为咸丰帝之妹，钟与同治帝为表兄弟，故得慈禧宠眷。1905 年，受密诏假协统衔，于成都凤凰山编练新军。1909 年，新军成，被任命为协统，率军入藏。1912 年，被民国政府任命为西藏第一任办事长官。1913 年，因职免而离藏，次年被诱捕受审。1915 年，袁世凯以酿成藏乱，仇杀参赞罗长裿的罪名下令处死。

13 林修梅，湖南临澧人。1903 年，入湖南陆军武备学堂。1906年，留学日本陆军士官学校，加入同盟会。1907 年，任四川新军第三十三混成协参谋。次年入藏，任营管带。陈渠珍初任其队官，后代其为管带。民国建立后，林为革命奔走，参加"二次革命"、护国战争，后任广州军政府顾问、国民议会参议员、总统府代理参谋长。著有《西藏游记》《中国交通政策管见》等。

第一章　成都至察木多

行军之骚扰

援藏军出师计划，经长时期之筹备，颇极周密。讵一经开拔，障碍横生。尤以夫役一事，最为骚扰。军队所至，四出拉夫，人民逃避一空。三营殿后，夫役多逃亡，行李沿途遗弃，虽出重资，不能雇一夫。纪律废弛，非复从前节制之师矣。读唐人应役出塞诸诗，苍凉悲壮，非身历其境者，不知其言之酸而词之切也。

炉雅之间气候

自成都四日而至雅州 **1**，风景与内地同。至是以后，气象迥殊，山岭陡峻，鸟道羊肠，险同剑阁，而荒凉过之，沿途居民寥寥。师行七月，时方盛暑，身着单服，犹汗流不止。过雅州，则寒似深秋，均着夹衣，愈西愈冷，须着西藏木质〔毡子〕**2** 衣矣。过大相、小相、乌鸦、飞越诸岭，皆重峰叠嶂，高峻极天，俯视白云，盘旋足下。大小相岭，相传为诸葛武侯所开凿，故名。经虎耳崖，陡壁悬崖，危坡一线。俯视河水如带，清碧异常，波涛汹涌，骇目惊心。道宽不及三尺，壁如刀削。予所乘马，购自成都，良骥也，至是遍身汗流，鞭策不进。盖内地之马，至此亦不堪用矣。

20世纪初的泸定桥

凌空飞渡之铁桥

行六日至泸定桥，为入藏必经之道，即金沙江〔大渡河〕下流也。夹岸居民六七百户，河宽七十余丈，下临洪流，其深百丈，奔腾澎湃，声震山谷。以指粗铁链七，凌空架设，上覆薄片，人行其上，咸惴惴焉有戒心。又行二日，至打箭炉。

果亲王摩崖诗

登大小相岭，相传不能交言，否则神降冰雹。予过大相岭时，竭蹶至山顶，见清果亲王摩崖题碑诗，上为雪所掩，以马棰拨之，有句曰："奉旨抚西戎，冬登丞相岭。古人名不朽，

康定雪景

千载如此永。"盖景仰先贤，亦自诩也。同辈回顾，予犹未至，大声呼唤，有应声而呼者，众声交作，天陡变，阴云四起，雹落如拳粗，予急奔下山，后来者多为雹伤。盖雾罩山头，阴寒凝聚，一经热气冲动，雹即随之降落，亦物理使然也。

打箭炉之酷寒

打箭炉，为川藏交通枢纽地。相传为诸葛武侯南征时，遣郭达于此设炉造箭，故名。其地三面皆山，终日阴云浓雾，狂风怒号，气候冷冽异常，山巅积雪，终年不化。三伏日，亦往往着棉裕焉。驻打箭炉数日，官兵内着皮袄，外着毡子大衣，犹不胜其寒矣。予尝戏谓：内地冬寒，寒由外入，病疟发寒，寒由内出；塞外之寒，寒生肌肤，亦事实也。

一入炉城，即见异言异服之喇嘛，填街塞巷。闻是地有喇嘛寺十二所，喇嘛二千余人。居民种族尤杂，有川人、滇人、陕人、土人、回人。又有英法各国传教士甚多。土人迷信喇嘛教，家有三男，必以二人为喇嘛，甚或全为喇嘛者。盖喇嘛据有最大势力，能支配一切，一为喇嘛，身价即等于内地之科第，故人人以得喇嘛为荣也。

糌粑酥油茶·腥臭刺鼻之酥油茶

康藏一带，气候酷寒，仅产麦稞。故僧俗皆以糌粑为食，佐以酥茶，富者间食肉脯，以麦粉制为面食者甚少也。糌粑制法，以青稞炒熟，磨为细粉，调和酥茶，以手抟食之。酥茶者，以红茶熬至极浓，倾入长竹筒内，滤其滓，而伴以酥油及食盐少许，用圈头长棍上下搅之，使水乳交融，然后盛以铜壶置火上。食糌粑时，率以此茶调之，且以之为日常饮料。蛮人[3]嗜此若命，每饮必尽十余盏。予初闻此茶，腥臭刺鼻。同人相戏，盛为酒筵，约以各饮一盏，不能饮者罚如其数。予勉呷一口，即觉胸膈作逆，气结而不能下，自认罚金，不敢再饮矣。

蛮人住宅及服饰

蛮人男子，皆衣宽袍大袖之衣，腰系丝带，头戴呢帽，或裹绒巾，足着毡子长靴。女子衣长衫，毡裙，系腰带，头戴八柱〔巴珠〕[4]，足履蛮项。

喇嘛服饰，因阶级而异。上焉者，内着衬衣，外缠红黄色哔叽[5]，帽为桃形，靴为红呢，手捻佛珠，口诵佛号。其下，则粗毡披单，交缚上体而已。蛮人住宅，皆为层楼，上中层住人，下层豢养牲畜。屋顶扁平，或上覆泥土，室内及墙壁彩绘山水人物。若喇嘛寺，则楼高有至十层者，金碧辉煌，极为壮丽。

达赖据险阻兵

我军由川出发时，达赖喇嘛适由北京返藏。途次得其藏王厦札[6]密报，谓："英兵已退，川军大至，恐不利，宜制止之。"达赖既向清廷求援，又不便反复，乃密令厦札发藏兵万人扼要拒之[7]。川边大臣赵尔丰知其谋，乃自率兵八营，由大道进，令我军由北路进[8]，会师于昌都。

大军集中打箭炉

全军集中打箭炉待命，约一周，钟统领始至。又准备三日，即出发。由打箭炉出关，即属川边境。其入藏大道，经巴里塘、昌都、恩达[9]、硕板多、丹达[10]、拉里[11]、江达至拉萨。此为川藏驿路，逐站人户甚多。又出关行一日，由哲多塘[12]北向，经长春坝〔坝春〕[13]、霍尔章谷[14]、甘孜、曾科[15]、冈拖至昌都，或由冈拖直趋类乌齐、三十九族至拉里，为北路。道路荒僻，尝行一二日无人烟。

军队取道北路

藏地行军，动需乌拉[16]驮运。又须二三日一换，故无乌拉即不能行一步。盖弹药粮秣，行李乘骑，每营须二千余头之多，悉取给于沿途藏人。长途行军，决非内地夫役力所能任。即内地之马，一入藏地，亦不堪用矣。尔丰以陆军初入藏，情形不熟，恐猝遇战，乌拉不继，故令我军走北路，为策安全也。

出关第一日

我军由炉出发之日，适雨雪交作，寒风刺骨，军队与乌拉，恒混杂而行。此路名虽驿站，半为山径，砂砾遍地，雪风眯目，时登时降，军行甚苦。沿途绝少居民，抵哲多塘宿营，已晚七时矣。天黑路滑，部队零落而至。士兵喧呼声，与牛马嘶鸣声，直至夜半始止。官兵咸缩瑟战栗，不胜其凄楚焉。

雨雪后之晴霁

由哲多塘经长春坝〔坝春〕、道坞[17]、霍尔章谷至甘孜一带，沿途均有蛮村居民，数十户数百户不等。途中亦时有小村落及喇嘛寺。此二十余日中，天色晴霁，道路皆沿山腹或山沟行，甚平夷。犹忆第一日由炉出发，官兵饱受风雪之苦，佥以此去苦寒，必更有甚于此者。殊〔殆〕次日，天忽晴霁，沿途风清日暖，细草如茵，两面高峰直耸，山巅积雪，横如匹练。有时出岫白云与摩天积雪共为一色，凝眸远望，奇趣横生，几忘塞外行军之苦。

马术不精之痛苦

余任督队官，每日必于黎明前，率通事蛮人及各队设营官兵乘马先行。一日，将抵长春坝〔坝春〕时，天和草软，周道如砥，一望平原无际。蛮人扬鞭策马，疾驰如飞，群马奔逐，勒之不能止。余马术未精，身重腿轻，左右倾簸，几跌下，勉驰至宿营地，已汗流浃背，腿痛不能行矣。

河鱼不可食

一日，行抵道坞，天尚早，因偕同人闲步近郊。有蛮舍十余家，散居疏林间，草美而细，风景如画。林外一沟，宽四五尺，碧水清浅，鱼多而巨，往来游跃。余等正苦无肴，将取而食之。又疑此地居人甚多，岂无网罟，何鱼之繁殖如是？询之通事，始悉藏人死后，不用棺封土掩。其上者，延喇嘛讽经，寸磔其尸，以饲雕鸟，为天葬；其次，以火焚之，为火葬。下焉者，投尸水滨，任鱼鳖食之，为水葬[18]。故蛮人无食鱼者。余等闻之，乃止。

食苦无肴

霍尔章谷居民百余户，已改土归流，设理事官于此，汉人甚多。我军出关后，沿途所见，皆赭面左衽之番人。所食，则酥油、糌粑、奶酱。荒山野户，又无蔬菜可购，竟日疲劳，不获一饱。出发时，原拟多带食品，因修梅力言不可，致途次食不甘味，至以为苦。至是始有物可市，共购猪一头，鱿鱼数斤，切碎拌豆豉炒之，分盛两桶，载之以行。修梅犹啧有烦言，余等亦不之顾。然以后每餐，修梅则较他人食为多，其馋酸真可鄙也。

蛮人身手敏捷

途次，见乌拉千百成群，尚未注意。至霍尔章谷换乌拉。先日傍晚，尚未齐。夜半，闻四野声喧，视之，乃蛮人送乌拉牛马至矣。漫山遍野而来，不下数千。余方虑明晨掉换乌拉，驮装捆载，不知费时几许。迨次晨起视，则一人挟一犊，置

牧厂牦牛

牛背上，每驮重逾百斤，竟能举重若轻，约一时许，而二千余驮粮弹捆载已毕，身手敏捷，诚非汉人所及。因见蛮人体力之强，不觉健羡无已。无怪唐代屡为边患，郭、马 **19** 名将，尚不敢言战，而言和也。

每日宿营后，牛马拥挤坪中，蛮人卸装，更为迅速。驮牛二千余头，不及一小时，即卸毕矣。蛮人扬声，驼牛四散，满山满谷，到处龁青。迨黄昏前后，蛮人呼哨一声，但见山头群牛攒动，皆争先恐后，载载归来，勿烦驱策。蛮人即就平地立桩，系长绳，排列为若干行。长绳中系无数短绳，拴于牛蹄。牛倚绳，或立或卧，秩然不乱。犹忆一日中夜起溲，弥望白雪，不见一牛，大异之。询之卫兵，始知牛卧雪中，雪罩牛身，望之似无数雪堆，隐约坪中。非转侧雪落，不知其为牛也。

冰敲马蹄铃声细

甘孜、曾科、麦削[20]、冈拖一带，嶂峦横亘，冰雪满山。每从山腹过，山水泻冰，宽恒至十数丈，人马通过，须先凿道敷土，方免倾踣。谷底溪流，亦凝结成冰，牛马数千，踏冰过，冰破碎声闻数里。时已暮秋，天候日加寒冷，大雪纷降，朔风怒号，人马牲畜，灿若银装。余有句云："冰敲马蹄铃声细，雪压枪头剑气寒。"亦纪实也。

牛皮船·渡河之稽延

自麦削以西，河深流急，无舟楫，无津梁，故军队渡河皆用皮船。船以野藤为干，以牛革为衣，其形椭圆，如半瓜；其行轻捷，似飞燕；凌波一叶，宛转洪涛，浪起如登山丘，浪落如堕深谷。临岸遥观，若将倾覆焉。乃方沉于浪底，又涌现于涛头，俨若飓风时际，立黄鹤楼看轻舟冲浪，同一怵目惊心也。幸河幅不宽，波澜甚小，舟子一人，摆双桨，坐后梢，顺水势乘浪隙，斜行疾驶，瞬息即登。皮船大者，载重四百斤，小者载二百余斤。小船以一革制成，大船则用二革，其结缝处，时时以酥油涂之，以防渗漏。军队渡河时，先渡辎重，再渡官兵。船小而少，每渡一河，须延数日。计余一

牛皮船渡河

营人,渡河已费三日之久。沿途河流甚多,故行军稽延甚久也。
惟藏地牛马皆能泅水,每渡河时,先纵一牛过河,系于彼岸,
然后纵马牛入水,不待驱策,皆攒望彼岸之牛群集焉。

贝母鸡之美味

　　余渡冈拖河时,宿江干数日,见山中贝母鸡数十成群,
飞行地上。闻味极佳,因约同人携枪入山击之,日必获数头。
就江干去皮骨,取肉切为小块,拌胡豆酱炒食之,味鲜美,
远非家禽所及也。

雪地帐幕

藏地行军，不苦于行路难，而苦于起床太早。盖自甘孜而后，沿途居民渐少，赵尔丰所定程途，又恒远至百二十里以上，非竟日趱行，即无宿站。无宿站，即无蛮官预备燃料，不能炊爨也。故起床不能不早。且行军均自带帐幕，到地架设，出发撤卸。藏地几于无日无雪，一入夜半，雪满帐幕，次晨早起，须先撤帐去雪以火烘之，方能驼载。最苦者，天犹未明，帐幕已撤，雪风削面，鹄立旷野中，以候烘帐幕，上驮牛，约须一小时半之久，手足僵冻，战栗呻吟，其痛苦诚非语言所能形容也。行五十余日，始至昌都。

注释

1　雅州，今四川省雅安市，素有川西咽喉、西藏门户之称。

2　毡子，康藏地区藏族家庭手工织成的羊毛绒制品。

3　本文中的"蛮人""番人"等，均是旧时对边远地区少数民族的蔑称。

4　巴珠，藏族妇女传统发饰，其状呈三角形或弓形，用珊瑚、玛瑙、珍珠等装饰。

5　哔叽，一种斜纹羊毛织物。

6　厦札，谓噶伦。清代西藏地方设噶伦四名，总办西藏行政事务，受驻藏大臣和达赖喇嘛管辖。误称噶伦为藏王，因其手握政权之故。当时达赖出逃，噶伦仍每事请示于其行官。

7 当时驻藏大臣联豫主藏政，因政令多不畅行，故请派兵入藏震慑。达赖回藏途中，听闻川军入藏消息，即令噶伦派兵抗阻，并非本文所述"求援""反复"。

8 德格土司长子、次子因继承权内讧引发动乱，赵尔丰率兵前往平乱，因藏兵已有准备，而钟颖所率四川新军为新兵，故令其部由北道前进，避免正面冲突。

9 恩达，清末设恩达厅，1913年改县，治所位于今西藏自治区昌都市西南恩达城，是西行拉萨的要道，扼守昌都之西的咽喉，为茶马古道上的重要站点和军事要地。

10 丹达，今西藏自治区昌都市边坝县境内，有丹达山及神庙。

11 拉里，藏语神山之意，今西藏自治区那曲市嘉黎县。

12 哲多塘，位于今四川省甘孜藏族自治州康定市折多塘村，因地处折多山而得名。

13 长春坝，应为长坝春、长坝宗。今四川省甘孜藏族自治州康定市上木雅村。藏语称农村为宗，长坝宗，汉语音译为长坝春。

14 霍尔章谷，原霍尔章谷土司驻地，是离藏入青之要衢和茶马古道之重镇。霍尔，藏语意指蒙古人，章谷，意为山岩石上，因霍尔章谷土司官寨处于山岩上，系蒙古族后裔，故名。1897年置屯，改名炉霍，今为四川省甘孜藏族自治州炉霍县。

15 曾科，位于今四川省甘孜藏族自治州白玉县赠科乡一代。

16 乌拉，藏语为官府或贵族承担无偿劳役之意，也指承担劳役的
   人或牲畜。此处指以牛马作为运输工具。

17 道坞，今四川省甘孜藏族自治州道孚县。

18 本处叙述有误，西藏丧葬分为五种：塔葬，活佛用之；火葬，
   喇嘛用之；天葬，一般平民用之；水葬，贫民、孤寡、幼童用之；
   土葬，恶疾之人、罪人用之。

19 郭、马，即郭子仪和马璘，二人均为唐代中叶名将，抵御吐蕃、
   回鹘寇扰陇西诸郡。

20 麦削，今四川省甘孜藏族自治州德格县麦宿镇。

第二章　腊左探险

大军集中昌都

昌都，一名察木多，为打箭炉至拉萨之中心地。有居民六七百户，大小喇嘛寺甚多，汉人居此者亦不少，设有军粮府[1]治理之。我军至此，已困惫不堪矣。是时，赵尔丰驻更庆[2]，侦知厦札遣其堪布某[3]，率藏兵万人进驻恩达。适钟颖由甘孜单骑往见，遂令大军暂集中昌都，细侦番情，以待后命。既而钟颖号令全军，选将校侦探前往侦查，数日无应之者。时尔丰方以援藏军皆学生，不晓军事为言。余甚耻之，因力请其行。林修梅亦怂恿之，为咨请军粮府给马牌。余乃轻装携通事张应明前往。应明年五十余，乃川人，流寓藏土日久，经商业，熟谙番情。是日，由昌都出发。稍迟，过西藏桥，行三里许，有群鸦千百，遮道飞鸣，应明马惊而坠，余亦下马步行，驱散群鸦，牵马而进。初以藏地多鸦，不虞其有他也。

深入探险·鼓勇登山·夜宿腊左

行三十里至俄洛桥[4]，驻有边军一哨。哨官邓某，川人，武备生未卒业者，招待极殷勤。以时已不早，具餐留宿，余亦欲一询前方敌况，遂宿其营。饭后，共话川事，甚欢洽。且知藏兵屯恩达，其先头部队抵林多坝[5]，逻骑出没于距此三十里之腊左塘[6]，戒勿冒险前往。余虽感其意，然以任务所在，不能中道而返。

次晨出发，沿途无居民，亦无人迹。策马行三十里，至腊左塘，即腊左山麓也。是地有塘房一所，设塘兵四人，余抵地时，塘兵已捆载行李，将回昌都，甚仓皇。见余至，大惊，为言番骑夜夜至此，力请同回。余颇厌之。应明亦言不能再进。余奋然曰："纵不至腊左，亦宜登山一望。"遂决然上山。

山高十余里，纡曲而上，冰雪载途，人马颠蹶者再。牵马步行，亦屡蹶屡憩。将至山巅，遥望白雾滇蒙，疑为烟尘。至山巅，则空中狂飙怒号，卷雪飞腾，寒风砭肌骨，人马气结不能呼吸，遽昏倒。幸余神志尚清，有顷即醒。强起牵马，再扶应明起。应明愀然曰："不听吾言，徒自苦耳。果何所见？"余曰："子勿尔，既至此，必往腊左一观。"因鼓勇下山。应明不得已，随之行。沿途颠蹶，几为马所伤。行约八九里，始下至平地，已薄暮矣。幸雪光掩映，沿小溪行二三里至腊左，隐约见蛮舍二十余户，散居两岸，家家闭户，悄无人声。以棰挝门，无应之者。后至一家楼下，一老蛮出，具言："藏兵离此仅十余里，逻骑夜夜至此，居民皆逃避，余病不能行，是以留。"应明问余如何？余指对岸傍山一室可投宿，遂牵马过溪，止宿其家。登楼，推门入，楼高仅齐人。系马楼下，余择楼上较宽一室下榻焉。燃洋烛，略食烧馍。应明劝勿燃烛，因移烛室隅，取板覆之。推窗望月，月色明朗，照耀冰雪，倍觉清寒，因思稍憩后，即登山眺望，且避番骑之来。倘能登高一览前方形势及番兵所在，亦不负此一行耳。

逻骑突至逻骑去而复回·负伤被虏

正凝思间，忽闻铃声自远来，知番骑已至，急下楼，翻着白羊裘，伏山麓大石后。未几，见番骑数十，从容进至对岸民房，按户以马鞭敲之，操番语问有汉奸否？勿得藏匿。未过溪，即向腊左山去。约一时许，仍回，敲门问如前，即回。余以为从此无事，入室休息。应明继至，蹙眉而言曰："险哉！几不免矣。"余因戏之曰："尚未，尚未。明日将携汝至前方，一观其究竟。"语未毕，突闻前方铃声，来甚急，急灭烛，推窗外窥，见番骑百余，张两翼，飞驰而来。近对岸约百步，皆下马拔刀，跳跃而前。是时，欲遁不能，但闻喊杀声、马嘶声，一时并作，震应山谷。余急趋出，见旁一小室，遂避入，摸之，有砖石，似厨非厨，壁有小穴。钻穴外窥，见番兵持刀拥至，刀长四五尺，映月光雪色，森严可畏，已渐近，急扃门，推石撑之。再外窥，则番兵相距仅十余步矣。因转念，门既内扃，安得无人，是不啻示敌以匿迹之所，不若开门以待。门甫开，番兵已至楼下。又念藏身暗室，设番兵持刀斩入，则殆矣。不如出而叱之，或可幸免。遂挺身出。甫出门，番兵已登楼。余厉声叱之，先登者奔向余，猛斫。幸室矮，刀长为檐格，未中。后至者复拥集，刀剑无所

近代的藏兵

施，但觉尾脊受刀伤甚重。一时拳足交加，喊杀活捉之声并作，最后有以刀柄击余右额，觉眼花迸飞，倒地渐昏。似有人摔〔拽〕余至楼口，向下抛掷，遂一痛而绝。

番目横加棰楚·释缚后之痛苦·起解恩达

余昏绝后，即为番兵系马上以行，乘月色行十余里，过并达桥[7]。桥长约十丈，宽丈许，上敷木板，蛮骑百余蜂拥而过，蹄声杂沓，余始惊醒。知为番人所虏，头腰手皆受重伤，但麻木尚不甚痛楚耳。此地驻番兵数百，见番众拥予至，皆拍掌呼跃。再沿河进，两面高山皆有番兵警戒，其法左敲锣，右击鼓，左敲右应，络绎不绝，如刁斗[8]然。

行十余里，至林多坝，时已夜半。番兵牵余上一楼，楼上男女数人，方燃火熬茶，即系余柱上，余倚柱而坐，渐觉头腰痛不可支。应明继牵入，已无人色矣。移时，有似番头目者至，持马棰就余诘问。余对以衔赵大臣命来此。番目不信，横加棰楚，几又昏绝。

又有顷，复来一人，装束如番官状，盘诘甚详，色稍霁。余仍告以衔命来此。问："有无文书？"余曰："文书置鞍囊中。"番官下楼甚久，复回曰："鞍囊无文书，得勿诳耶？"余素稔藏人畏尔丰若天人，乃正色曰："行李文书，尔等尽劫去之。既疑无文书，曷往昌都赵大臣行辕一询！"番官曰："赵大臣已至昌都乎？"予曰："赵大臣率边军八营，先我一日已至昌都，尔等犹未知耶？"番官沉思良久，复问："赵大臣遣子来此何意？"予曰："见尔堪布自知，尔勿多问。"番官复详视予伤痕，与一头目细语甚久。又问予现居何秩？予以三品官对，番官乃偕头目下楼。

未几，有番兵二人来，释予缚。绳甫释，两手痛彻心脾，昏倒不能起。番兵负予下楼，至一室，较清洁，似为番官住所。进酥茶，予方渴，饮之，其甘如饴，神思渐清。倚墙盹睡，忽闻鸡鸣犬吠雀噪声，始惊醒。仰视窗外，天已黎明。

又移时，闻室外人马声嘈杂，番官复至，为予言："堪布有令，约君至恩达一会，请即行。"予闻之，蹙然而起。

番兵扶予上马，行甚缓，觉腰际创裂，血流不止，痛苦不堪。途中每过溪沟，或登临山坡，前后簸动，痛尤甚。时晨风凛冽，彻骨生寒，触目蛮菁荒野，倍觉凄怆。偶一思及妻侄浮寓成都，千里家山，何以得归，不禁悲从中来。然转念男儿报国，死则死耳，何以妻儿〈念〉为，又不觉神清而气旺。

堪布执礼甚恭·堪布承认撤兵

行二十余里，至恩达，已午前十时矣。即有恩达汛官[9]叶孟林氏，齰齼[10]出迎，执礼甚恭，导予至堪布大营。堪布亦迎至营外，极执谦。入坐，献茶点。力白未得赵大臣通告，致生误会，逊谢不已。予亦婉辞答之。因言："赵大臣以藏人二百余年恭顺朝廷，前者英兵寇藏，大喇嘛既请兵于先。今英兵甫退，边觉夺吉又复阻兵于后，试问藏兵几何？器械若何？欲与川军边军较胜负，庸有幸乎？赵大臣恐大军迫近，玉石俱焚，特遣某前来晓谕，限即日撤兵退回，当为奏请朝廷，恢复大喇嘛封号[11]。今新军已由北路出拉里，川边军集中昌都，所以不即前进者，亦悯藏民无知，不忍遽以兵临之也。"复详言在腊左经过甚详。堪布惶恐谢过，具面食果饼，极殷勤。为言："我本僧官，藏王督责甚严，不得已统兵出藏。今驻恩达不进，亦待赵大臣之至，敢有异动耶？"又具文呈尔丰，请予即日返昌都覆命，允以三日为期，撤退藏兵。予以创痛马羸，不能即行。堪布力请不已，始允之。又为施符咒药饵，并选良马及藏佛、藏香、捻珠、奶饼为赠。又派兵四人送予至腊左塘。于是收拾起身，已午后一时矣。堪布等直送至山下始返。

生还昌都

归途冰雪满山，寒风载道，创痛渐止，符咒之力欤？抑药饵之力欤？予归心似箭，痛苦顿忘。经腊左时，仍门户紧闭，寂无人踪。上腊左山，山高而峻，冰结路滑，番兵牵马扶予，顷刻而上，不似前日下山之苦矣。下山至腊左塘，塘房已空无一人。从此道路平夷，且极安全，即将护送番兵遣归。予偕应明，略食奶饼，纵马疾驰，更毫无痛苦。至俄洛桥，日色将暝。前驻川军亦开回昌都。应明惫极，欲就此止宿，明晨再行。予不听，鼓勇前进。天已入夜，冰风拂面，冷冽益甚。幸月色清朗，照耀如白昼，夜行尚不觉其苦。抵昌都，已晚十二时矣。沿途哨兵见予生还，咸欣欣然有喜色。

悲喜交集

予至营部，同辈多已就寝，惟修梅犹倚案研墨，予笑曰："诸葛先生归来矣。"盖予素与朋辈戏语，辄以此自命也。一护兵见予归，急入报。修梅惊讶出视，相见之余，悲喜交集。

一时同辈皆披衣起，争询经过。夫役具饼食，予且食且谈，直至四更后始就寝。

行李竟被瓜分

予自被虏后，相传已被杀身死，碎尸投山林中。予初归，与同辈坐谈，时时觉坐垫后蠕蠕有物，初不之异也。谈毕归寝，见坐垫后满堆衣物，亦不之异也。次日，从兵李元超密告曰："自公凶耗传来，佥谓公必死。公之行李，某某等竟破箱瓜分几尽。及公生还，咸不自安，始暗中退出，置公坐垫后，宜有以惩之。"予一笑而已。

雷击散能治外创

予外创经七八日后渐愈，惟内伤甚重，肚腹时复作痛。友人送雷击散一瓶，服之大泻两次，下血块甚多，寻亦全愈。惟雷击散原系暑药，并无治内伤之力，不知当时服之，何以奏效如此，殊不可解也。

注释

1 军粮府，清代行军时沿途所设经理军粮的机构，兼摄民政。清末民初，改府为厅。

2 更庆，以境内更庆寺得名，旧为德格土司治地。1909 年置州，

1913 年置德化县，1914 年改为德格县。

3　堪布，藏语音译词。含义有三：藏传佛教中知识渊博的僧人；
藏传佛教寺院或僧学院的主持人；原西藏地方政府的僧官名。
此处堪布某，指色拉寺堪布登珠。

4　俄洛桥，位于今西藏自治区昌都市俄洛镇。

5　林多坝，据任乃强考证，从恩达沿河往东十里，至梭罗坝，陈
渠珍误写为林多坝。

6　腊左塘，应为拉贡塘，藏语为"郎错"，作者或音误为"腊左"。
据任乃强考证，自拉贡塘上拉贡山，逾山约 40 里为浪荡沟，今
位于俄洛镇朗达村一带，陈渠珍误记为腊左塘。

7　并达桥，今位于西藏自治区昌都市类乌齐县滨达乡。

8　刁斗，古代军事用具，铜制斗状，带柄，白天用以烧饭，夜间
用以打更巡逻。

9　汛官，清代对千总以下带兵绿营军官的通称，其驻地称汛地。
清代绿营营制分标、协、营、汛四种，总督、巡抚、提督、总
兵所属称标，副将所属称协，参将、游击、都司、守备所属称营，
千总、把总、外委所属称汛。

10　黼黻，穿着华美的官服。

11　此为十三世达赖第二次被褫革名号之事。十三世达赖由京返藏，
与驻藏大臣联豫发生尖锐的矛盾，焦点是川军入藏问题。因川
军顺利进藏，藏兵难以抵挡，十三世达赖最终允许川军进入拉

萨。然而川军军纪败坏，张狂失度，1910 年进入拉萨后，与僧众发生冲突，殴伤西藏地方官员，击毙大喇嘛，还向布达拉宫和大昭寺鸣枪。一时谣言四起，局势趋于紧张，"达赖恐遭危险，即挈其左右逃往印度"。联豫派兵追赶未果，弹劾达赖又一次擅离职守，朝廷再次下令革除十三世达赖的名号。

第三章 昌都至江达

赵尔丰至昌都

尔丰知藏兵已抵恩达,乃亲率边军五营,由更庆至昌都。我军齐集四川桥东岸迎逅。边军虽为旧式军队,然随尔丰转战川边极久,勇敢善战。官兵体力甚强,日行百二十里以为常。是日,予随队出迎,候甚久,始见大队由对河高山疾驰而下。有指最后一乘马者,衣得胜褂,系紫战裙为尔丰。既过桥,全军敬礼,尔丰飞驰而过,略不瞻顾。谛视之,状貌与曩在成都时迥殊。盖尔丰署川督时,须发间白,视之仅五十许人也,今则霜雪盈头,须发皆白矣。官兵守候久,朔风凛冽,犹战栗不可支,尔丰年已七旬,戎装坐马上,寒风吹衣,肌肉毕见,略无缩瑟之状。潞国[1]精神,恐无此矍铄也。

人用心之可畏 · 尔丰之明决

是日晚,钟颖率标统、管带至钦帅[2]行辕参谒,夜分始归。有护目张子青随修梅往,先驰归。告予曰:"钦帅以公贪功失机,罪当斩,奈何?"予问:"管带如何对?"子青曰:"管带默然不语。"予颇异之。及修梅归,询之又,但言钦帅明晨传见,而不及其他,始知修梅之用心矣。因念奉命而往,不顾万死,蹇蹇匪躬,庸何伤。翌晨往见,甫出门,即有尔丰武弁持大令传予。予甚讶之,随之往。至则钟颖及军粮府刘绍卿[3]皆立辕下。武弁导予入,尔丰盛怒立帐中,责予贪

CHAO-ÊRH-FÊNG, VICEROY OF SZECHUAN, MURDERED BY THE
REVOLUTIONISTS

赵尔丰戎装照

功冒险，损威辱师之罪，将置予于法。钟颖、刘绍卿亟趋入，力为缓颊，尔丰怒犹未息。予至是，亦不能为修梅讳，乃慷慨陈言曰："某罪自知，但衔命而往，身虽被虏，番人犹能以礼送归，且宣示德威，番兵望风撤退。功罪自不敢言，惟钦帅深察之。"钟颖又力为解释，尔丰意始动。因详诘奉命始末，又问林管带果知尔去否？予俱以实对，并言军粮府尚有管带咨文可凭。尔丰一一按问实，又索咨文验讫，乃反诘修梅，修梅不能对。尔丰大怒，立褫其衣刀，就案上手书朱谕，撤修梅职，以予代之。予亦不敢言，叩谢出。

转祸为福·张鸿升垂头丧气

昔人谓："塞翁失马，安知非福。"如予此事之转祸为福，诚奇矣。不谓暗幕中拨纵牵引，大有人在，事更有奇于此者。有皖人张鸿升，性险诈，初隶尔丰，任边军管带，后因事被黜回川，投钟颖。钟颖入藏，委以工程营管带，亦虚名而无实兵者。鸿升日思得步标管带，而苦无机会。会予腊左被虏，凶耗传昌都。有尔丰随员某，与鸿升善，为言钦帅以陈某事怒甚，已电川督，请置之法。鸿升窃喜时机已至，往探修梅，问陈某事如何？修梅无一语，但嗟叹而已。鸿升怂之曰："钦帅性如烈火，倘有所询，宜诿为弗知。钦帅幕中，吾有密友，当为君先容，可勿虑。"修梅信之。及尔丰至，怒予损威辱师，修梅嘿不语，尔丰怒甚。鸿升复见尔丰亲信文案傅华封[4]，为予力辩其诬，而痛诋修梅，意在取修梅而代之，非爱予，而憎修梅也。华封为鸿升旧友，遂在尔丰前力诋修梅。至是，尔丰颇滋疑，故传见时，面数予贪功冒险罪，即欲一穷其实耳。不料按问既实，修梅褫职，鸿升未及经营，而一纸朱谕，捷如迅雷。鸿升固自垂头丧气，予则因利乘便，转祸为福。憸人用心可笑，亦可怜矣！

翌晨，至钦帅行辕，循例谢委，并呈递堪布文书。候甚久，尔丰始出见。诫予曰："汝冒险深入，尚饶胆气，故畀汝要职。今后益当努力，否则吾又杀汝也。"言次，目炯炯，使人望而生畏。

拟陈两步计划·进攻恩达·一战克敌

尔丰以予明晰前方情势，嘱拟进兵计划以进。予商承钟颖，拟定川军先驱，逐恩达之敌，仍取道类乌齐、三十九族，出拉里。边军则由恩达大道直趋拉里。此第一步计划也。其第二步计划，则候川边两军会师拉里后，视番情再定。并绘图贴说，规划甚详。尔丰韪之，定后日出动。

钟颖令予率部先行，大军继之。计划既定，全军准备一日，予于次日黎明出发。是日宿腊左，居民逃避一空，知尚避匿附近山中，乃令士兵分途搜捕，得番人多名。询知林多坝仍有番兵，并有一部扼守并达桥。因思番兵无抵抗之力，堪布亦非统兵之人，今屯军未撤，或钦帅尚未答复，犹存观望耶？抑留此兵力，掩护其大部之退却耶？但相距咫尺，仍当戒备以进。又按林多坝地势开阔，进攻尚易。惟并达桥岸高河宽，番人扼险而守，则进攻殊难。犹忆前由恩达归时，曾注意观察，桥之上游四五里处，河水结冰，可以徒涉。我军进攻时，宜佯攻正面，主力渡河攻下，方易奏效。

是夜，月明如昼，四鼓出发。佯攻之一队，接近桥边，遥见桥上番兵甚忙乱。予亲率三队，从上游踏冰偷渡。进至番兵右侧，天始黎明，鸣枪突进，番兵遂狼狈败走。我军乘胜追逐，沿途皆不敢回抗。追至林多坝附近，番兵悉出迎战，我军仍分两翼猛攻。战约二小时，我左翼军已占领林多坝后山，前后夹击，番兵又纷纷崩溃。予因此去为番兵大本营所在，地势甚复杂，沿途必有剧战，乃集合部队，分段搜索前进。殊〔殆〕将抵恩达，即有恩达汛官叶孟林氏，由山径奔来，云："番兵均向南退走，约二小时矣。"遂进至恩达，警戒宿营，以待后命。此役毙番兵四十余人，我军仅伤排长二人，阵亡士兵九人，伤十七人。

改道前进·群牛斗于山头

翌日，捷书至昌都。予奉令，俟大军明日到恩达，即照原定计划，改道向类乌齐、三十九族前进。

自恩达北进，已冬月中旬矣，气候愈寒，冰雪愈大，益以山势陡峻，跋涉甚苦。类乌齐居万山中，山皆导源于铜鼓喇山[5]，自西北宛延而南，山脉横亘，支干纷披。我军前进，几无日不披云蹴山，行冰天雪窟中也。士兵被服单薄，每至夜分，冷极而醒，辗转呻吟，不能成寐，恒中夜起坐，围炉烘火，以待天明。尝一日五更时，乘月色出发，登一山，山高而峻，仰视不见巅顶。乌拉前驱，部队后继，甫登半山，忽群牛斗于山上，狂奔怒吼，往来冲撞，行李纷纷坠落，士兵趋避不及，伤十余人。时予犹在山下，急入蛮舍避之，幸无恙。

士兵饰病至死

自打箭炉出发时，规定每班预备病兵乘马一匹。入类乌齐后，天寒地冻，乘马稍久，则两足僵冻，痛不可忍。故乘马时，初出发须步行数里，乘马约一小时，又须下马步行。惟狡黠士兵，恒饰为病重，不能行走，冀获马乘。一上马，虽奇冷亦不肯下，防其他病兵争去也。则自朝至暮，终日乘骑，两足冷极而痛而肿，愈不能下马矣。如是三数日后，足趾螯[6]不能行矣。病亦弄假成真矣。途次无医药，又不能休息，因此身死者，比比皆是，亦可悯矣。

胡须结冰

沿途乌拉，时有延误，行二十余日，始达三十九族境内。士兵已发长寸许矣，于思茸茸矣，辫蓬松如乱麻矣。帕巾长袄，步履蹒跚，已无复人形矣。营部书记官范玉昆，年五十余矣，美须髯，尝购一狐皮围颈。一日行甚早，大雪弥漫，冰风削骨，玉昆坐马上，埋头缩颈而行。中途，番官设有尖站，燃牛粪熬茶以待。予等下马休息，玉昆亦去狐下马，殊〔殆〕呼吸久，二毛已冰结不可解，呼痛不已，见者皆为绝倒。

三十九族

三十九族，纵横千余里，人口数十万。相传为年羹尧征西藏时遗留三十九人之苗裔。但以时间计之，人口生殖，决不如是之繁。意者，唐时吐蕃极盛，文成、金城两公主先后下嫁，其汉人遗流之种族欤？彼族与藏番，积不相能。惟对汉人则极为亲善，故尔丰选定此路，免乌拉缺乏也。

雪山出产

三十九族在昌都西北，气候高寒，较类乌齐尤甚。重峦叠嶂，峻极于天，弥望白雪，灿若银堆，平地亦雪深尺许。尝询一喇嘛，此地何时降雪？喇嘛曰："此间七八月高山凝雪，九十月半山铺雪，冬腊月平地雪深尺许矣。按时而至，不待降落。至山巅之雪，皆亘古不化者。"且多出产，如动物则有雪蛆、雪猪，植物则有雪蒿，矿物则有雪晶，皆稀有之珍品也 [7]。

拉里之盛筵

由恩达北行月余，始抵拉里，已腊月二十八日矣。拉里为川藏驿道，旧设有汛官，隶川边，后又设有军粮府。此地汉人甚多，异地相逢，倍觉亲昵。晤军粮府邓君 [8]，谈甚欢。邓君设酒馔为余洗尘，极丰盛，皆近五十余日中得未曾有者。细问番情，知其大队已过此五日矣，惟统兵堪布尚未至。有云其已由南路绕道回藏矣，未知确否。席散辞归，奉钟颖令，速开江达待命。余因准备乌拉，须迟一日方能出发。

番兵固守乌斯江

是日夜半，接协部通知，番兵退至江达后，其先头一部约二千余人，在距拉萨七十里之乌斯江 [9] 固守。又一部约三千人，已退入工布。其统兵堪布尚在后。令余至江达后，严行戒备云云。余因情势紧张，复催军粮府，务于明日午前，将乌拉传齐，以便后日起行。

军粮府神道设教

除夕将近，预购酒肉，遍赏士兵。又备酒食，约各官长早餐。餐毕，清查乌拉，犹未至。余甚焦急，亲往军粮府催之。至则见大厅内数十番人，箕踞坐地上，邓君偕番官立其前。余知其有事，略一周旋，亦立厅上观之。但见番官手持番佛，向众喃喃语甚久，即以番佛一一置众头上。每至一人，则一问一答，一书记秉笔记之，良久始毕。众散去，邓君乃邀余入座，笑谓余曰："顷间所事，君知之乎？"余问故。邓君曰："顷即为乌拉事，因各番目以大军通过，供应太多，牛又疲甚，咸推诿不肯缴。乃商之番官，集各头目面诘之，仍狡辩。番人极信佛，遂令其顶佛盟誓，则不敢匿报矣。今幸誓毕，总

驻守西藏的清军士兵

其数，犹较原派多二百余匹，亦神道设教意耳。"余甚佩邓君操术之神，且知番人信佛，视西人之奉耶稣尤有过之无不及也。

于队官之误死·学生不可用

余自军粮府归，时已不早，即偕营部职员共饮度岁，仿内地吃年饭例也。食甫毕，闻后方枪声甚急。正询问间，后队一传令兵来报："番兵进袭，于队官已率队前往矣。"余方集合部队，又据报："番兵已退，于队官受伤阵亡矣。"余甚讶之。后又捕一番兵至，余细询之，始知即恩达统兵堪布也。堪布自恩达败退后，即弃军逃走，至是始出，欲绕道回藏。昨闻余驻此，急欲来见，殊〔殆〕哨兵误会开枪。余以堪布为统兵要人，不宜纵之去，急遣人召至。又探知于队官闻警率队出，遥见番人，即散开，乱枪齐发。于犹乘马指挥，马闻枪惊逸，直冲出散兵线，为士兵乱枪误毙，殊可怜也。于学生出身，未经实战，一闻警报，即张皇失措，勿怪尔丰之轻视学生也。移时，堪布至，余殷勤招待之，并密报至藏。又至后队料理于队官装殓事，至晚方毕，余亦倦极就寝矣。

劫后之江达

次日黎明前即起，赁屋安厝于队官灵榇，复率队致祭毕。即约堪布一同出发，行两日至凝多塘[10]，为元旦日，荒村野户，无可住宿，支帐露营而已。万里蛮荒，复逢佳节，回首家山，百感丛生，勉市酒肉，约众共饮，亦借酒浇愁耳。翌日诘早出发，午后三时抵江达。有汛官吴保林率塘兵及番官、喇嘛等百余人出迎。江达为西藏巨镇，人户寺庙约四五百户，百物咸备，素称繁盛。自藏番出兵，往来蹂躏，市衢如洗，极目荒凉。次日，边军亦有三营人开至。余在此一驻兼旬，日与吴保林往还。保林成都人，入藏已二十余年矣。家有八十余岁老母，犹健在。日思归川，苦无机会，乞余便中为谋一差，冀可生入玉门。时届新年，尝延余至其家，具面食，皆其妻子手自为之。妻年五十余，居藏久，凡面食、蒸馍、薄饼之属，颇优为之，且均咄嗟立办，至可感也。

秘密处决堪布

余抵江达之第八日，奉钦帅[11]钉封密谕，迅将堪布暗中处决。遂于是日夜半执行之。盖堪布乃藏中二品僧官，达赖甚倚重之。时达赖已出亡大吉岭，依英人，纵之恐为后患。又不能公然处决，恐达赖有所借口也。

我军抵昌都时，达赖已回拉萨。初犹增兵抗拒，且向英人请援。事犹未谐，而我军已出拉里。达赖急约帮办大臣温宗尧[12]会议，宗尧竭力安慰。达赖终怀疑，潜逃印度。钟颖率大部至江达，其乌斯江之兵亦撤退。惟工布情形不明，相传藏王边觉夺吉，尚拥众千余人，负隅于窝冗噶伽[13]，意图反抗。乃令余率部入工布，相机进击。

风景宜人之牙披[14]·番人取鱼

余驻江达时，已侦知厦札噶伦已潜逃至后藏，工布已无番兵。及奉令入工布，仍戒备前进。是日，天气晴朗，沿途风景宜人。午后一时抵牙披。上一小山，即宿其营官家。层楼广厦，金碧争辉，地板日涂酥油，光滑可鉴。明窗净几，陈设精雅，恍若王侯第宅。后临大河，滩浅水平，中为沙洲，野鸭数十成群，啄行水滨，景物不殊内地。时牙披营官入藏未归，其管家出而招待，殷勤备至。见余倚窗眺望，笑谓余曰："河中鱼肥美，可供肴馔。公远行，想久不食此味矣。"急命仆人入河取鱼。余笑曰："此得勿食水葬者之鱼乎？"管家曰："否，否。公所见者，小溪鱼耳。此则河宽水深，源远流急，非其俦也。幸勿为虑。"余虽不嗜此，然颇喜观人取鱼，姑应之。即见番人数辈，负网入河，布网滩头，未几网起，鱼跃网中，映日有光，而番人取鱼归矣。余观之，顿觉胸襟为之一爽。

番女制面

余自来塞外，满目荒凉，积雪弥山，坚冰在地，狂风怒

盛装贵族妇女

吼，惨目伤心。至此，则楼台涌现，景物全非。以风尘之子身，入庄严之画栋，虽曰爽心适意，翻觉顾影怀惭矣。主人曲尽殷勤，所具山珍海品，皆购自拉萨来者。其面食尤佳，皆以番女为之，艺绝精。尺许方板，顷刻而成，非如内地制面，几案横陈，刀棍罗列也。

长男出赘

番女多膜母无盐[15]，独此主人之妇，则杨柳为腰，芙蓉如面，蛾眉淡扫，一顾倾城。汉代明妃，恐无此美丽。其夫为赘婿，现任牙披营官。数日后，始由藏回，衣冠楚楚，皆唐时装束，吐属极雅，已脱尽番人气习。藏俗恒以长女承祧、操家政，召赘其家。长男则出赘他人为婿焉。

注释

1 潞国，此处指北宋潞国公文彦博，他出将入相五十年，享年九十二岁。

2 由皇帝特命并颁授关防者称钦差大臣，简称钦使，统兵者则称钦帅。本书所称钦帅，为钦差驻藏办事大臣，所指有二，一为赵尔丰，一为联豫。赵尔丰于1908年至1909年正月间曾兼任该职，故陈渠珍称之为钦帅，但此时赵尔丰已被解除驻藏大臣一职，而是作为川滇边务大臣率边军护送川军入藏。入藏川军归驻藏大臣联豫节制。

3 刘廷灏，字绍卿，贵州举人，时任昌都军粮府，辛亥革命后离昌入京，后任伪满洲银行总经理。

4 傅华封，名传山，一名嵩炑，四川古蔺人。清末入赵尔丰幕，参与平定地方土司叛乱与川边藏区相关事务。赵尔丰调任四川总督后，傅华封任川滇边务大臣。著有《西康建省记》。

5　铜鼓喇山，即唐古拉山。

6　跖蹙，指脚掌冻伤，肿痛弯曲，溃烂。

7　雪蛆，指虫草，峨眉出产的雪蚕亦称雪蛆。雪猪，旱獭、土拨鼠。
　　雪蒿，也称雪山一枝蒿，是西藏地区一种有名的药材，本品有毒，
　　泡酒外搽，主治风寒湿痹，关节疼痛，跌打损伤，虫蛇咬伤。雪晶，
　　或为方解石、水晶。

8　据任乃强考证，当时拉里军粮府为孙蔚如，非邓姓。

9　乌斯江，今西藏自治区拉萨市墨竹工卡县乌斯江村。

10　凝多塘，位于今工布江达县娘蒲乡。

11　此处钦帅指联豫。

12　温宗尧，广东台山人，曾留学剑桥大学，后任北洋大学堂教习。
　　1908 年，任驻藏帮办大臣。辛亥革命爆发，为南北议和南方
　　参赞，后参加护国运动。全面抗战爆发后投敌，1947 年病逝。

13　窝冗噶伽，即后文之阿冗噶伽，位于今西藏自治区林芝市米林
　　县卧龙镇一带。

14　牙披，又作阿丕，距工布江达 90 里，是营官治所。

15　膜母，即嫫母，黄帝之妻；无盐，即钟无艳，齐宣王之妻。膜
　　母无盐，此处意为相貌平平。

第四章 收服工布

抚揖番人

余开驻牙披时，沿途僧俗，遮道欢迎，进哈达、酒食。番人呼酒曰"呛呛"[1]，以长竹筒盛之，中系皮带，或背负而行。番人进呛时，先倾掌上自饮，而后敬客，以示无毒也。

余驻牙披后，即将厦札远遁，番人无反抗意，请示招抚，以安人心，呈报入藏。旋报可。余乃从事安抚，逐渐向曲巴、增巴[2]、脚木宗[3]推进。每至一处，则召集僧俗，晓以汉藏一家，达赖受英人嗾使，出兵反抗。今达赖远遁，朝廷轸念藏民，不咎既往，各宜安业勿惊。又不时巡视附近村寨，抚问疾苦。其贫无力存活者，又周恤之。且将旧例供应柴草夫役，皆分别给钱。更申明纪律，严禁官兵擅入民房及喇嘛寺。于是番人大悦，远近向化，相率输诚。钦帅亦嘉余深识治体，抚驭有方。历时两月，工布全部遂完全肃清矣。

工布之形势

工布在江达西〔东〕南，纵横八百余里。东接波密，西南接野番。其极西之阿冗噶伽，则为藏王边觉夺吉之衣胞地。民情朴厚，气候温和，物产亦尚丰富。历年在达赖压迫之下，痛苦不堪。此次出兵，亦迫于达赖威力。自余部开入，人民翕翕向化，咸庆来苏矣[4]。

异地之美味

脚木宗居工布之中心，田野肥沃，气候温煦。山上有大喇嘛寺一所，极壮阔，喇嘛三四百人。其呼图克图[5]，亦一年高德劭之喇嘛，和蔼可亲，与余往还甚密，尝就其考问西藏风土，亦言之娓娓可听。一日，设宴邀余游柳林，果饼酒肴，罗列满桌。中一火锅，以鱼翅、海参、鱿鱼、瑶柱、金钩、口蘑、粉条之属，杂拌肉圆、鸡汤，又以腌酸青菜，及酸汤调和之，味鲜美无伦，内地所未尝有也，不知喇嘛何以办此。余自西藏回，已二十五年矣，亦尝仿此为之，食者莫不称善。可见口之于味，有同嗜焉。

猜拳几生误会

余一日设宴，请呼图克图游柳林，约全营官佐作陪，支帐幕四，每帐设一席，呼图克图欣然至。酒酣，众饮甚欢，猜拳狂呼不已。其随从喇嘛闻喧呼声甚惊，窃往观之，则见奋拳狂呼，如斗殴状。亟奔回，告其众曰："呼图克图危矣，急往救之。"于是众不及问，随之往。至则猜拳喝呼声方浓。有曾至拉萨，知为猜拳者，为众言之，始一笑而散。余与呼图克图，亦皆笑不可仰。

资〔查〕抄藏王家产

余至脚木宗，驻半月，奉令赴窝冗噶伽，查抄藏王边觉夺吉家产。余遂率部开往，行四日始至。其地崇山陡峻，小溪回环，居民寥落，极目荒寒。营部设第巴 [6] 家，房屋虽宽敞，亦极简陋，视脚木宗、牙披，则逊远矣。调查藏王家产，计有庄所三十余处，每庄有牛羊数百或千头。又有仓廒麦稞，各数千克 [7] 不等。乃分途派员清理，费时两月，始告竣。窝冗噶伽有藏王旧宅数栋，仅数人留守而已。余亲往启钥检查，楼上弓矢、盔铠、铜器、磁器甚多，尘封数寸，盖数百年前物也。有磁碗、高桩碟甚多。第巴云："系唐时物。"余虽不能辨，但其莹洁细润，则确非近代物也。

宝贵之《甘珠尔经》原物封存

余驻此久，闻厦札出亡之先，曾携《甘珠尔经》[8] 一部，藏于此间附近密室中，乃藏中之佛宝也。余询之第巴。第巴曰："诚然。今尚藏匿某处。公传某头目至，责令缴出，勿谓我所告发，则幸甚矣。"后如所言追出。则经为一百零八卷，每卷千页，长二尺六寸，宽八寸，字皆藏文，赤金所书。底面以薄板护之，板面镌为宽五寸、长二尺、深一尺之长方框，中嵌寸许金佛三。框缘缀以珊瑚珠百余颗，框内环以碧洗玛瑙，及红蓝宝石成花纹。金佛周身，皆极大钻石环绕之，

故宫博物院藏乾隆《甘珠尔经》写本

各三十六颗。佛顶圆光，中嵌金光圆润之蚌珠，径约三分许。框面又以五色锦缎交互掩盖之。诚稀世宝物也。张司书子青，力怂余尽取其珠宝而后呈报。余因是经为藏中极宝贵之物，遐迩皆知。解缴入藏，藏人必有质之者，一追索则实惠未至，而先蒙攘窃之罪矣，拒不可。余又恐左右窃取，仍交第巴封存之。其后，波密事起，余进兵半载，旋全藏兵变，余仓猝出江达，亦不能绕道窝冗噶伽矣。物各有主，非可取而私之，既损清廉之身，益遭造物之忌也。

盈盈玉立之新妇

此地荒远幽僻，几同世外桃源。余到此半月后，事简身闲，辄披阅书籍以消寂寞。昼长人倦，第巴时相过从，虽方言各殊，然有舌人通译，余亦略解藏语，日久交欢。第巴有女公子，年方十五，豆蔻初开，盈盈玉立，排长谭鸿勋求婚，第巴欣然许之。结婚之日，鼓乐喧阗。番女十余人，皆少艾也，盛服拥新妇步至婿门，群芳争艳，笑语盈室。新妇落落大方，毫无羞涩状。第巴首作种种笑谑语，以娱来宾，几忘其身为泰岳也。是日闹至更残，始尽欢而散。

野番地产米·深入野番地

我军入工布后，携带粮米渐罄，官兵多食糌粑，余亦渐能食之矣。余驻窝冗噶伽久，米尽，则以面食代之。旋查抄事竣，奉令移德摩 **9**。第巴置酒饯别，菜食亦仿汉人为之，尚可口。席终进米饭，虽色黄而粗粝，得之甚惊异。问其所自，则称购自野番。余习知藏南野番殊犷悍，〈问〉此米何以得来？第巴曰："自脚木宗至此，一带大山，山后行六七日至珞瑜 **10**，俗呼为野番是也。野番分生熟两种。熟番地纵横千余里，再进则为生番地矣，多旱稻，产米甚多。熟番素与工布通商，半月前即托商人购之，今始得也。"余初以野番地远，亦不置意，今相距匪遥，不觉大喜，亟欲绕道野番地，一觇其情状，广绝域之见闻。第巴曰："此甚易事。公由此行五日，即南向上大山，山下时有野番在此贸易。"余甚喜。数日后出发，绕行六日即至，乃野番地也。

野人制器·野番地之出产

次日，召至野番二人，年均三十余，披发跣足，无衣裳，上体着领褂，下体以裙二幅前后遮之，皆用竹编成之也。手持烟兜，如西人吸雪茄烟之管，内盛野大黄叶，见人即箕踞坐地上，无礼貌，状谨朴，不脱山野气。询其至藏何事？对以编制竹器藤器。取所制竹藤器观之，亦古朴可爱。又询其家中距此几日？答以六日。询其至生番地几日？则以手指指天而口言之，云由其家中至生番地，尚须二十余日也。余因其来久，使回休息，嘱傍晚再来，余尚有所询也。黄昏后，仍召野番至。问其出产如何？则其地出产尚多，除旱稻、竹藤外，尚产肉桂、麝香、鹿茸、野莲。因舌人操番语不甚熟，遂遣其归。

野番之生活

次日晨起，又觅得熟谙野番语者为通译，复召野番至，反复诘问生番情形。始悉其地皆重山，少平原。人犹太古，无政府，无宗教，无文字，构木为巢，上覆树皮以蔽风雨。截巨竹留节，作釜甑，一端实稻米为饭，一端实野虫为肴，泥封两端，洒水烘爇。饭熟倾出，以手抟食。地酷热，编竹藤为衣，以障身，非御寒也。民野朴，安居乐俗，不通庆吊。遍地皆崇山峻岭，道路鲜通。番人往来，则攀藤附葛，超腾而上，捷若猿猴。遇悬崖绝壁，亦结藤梯登，不绕越。亦无市廛，但每年生熟番至交界大山上交易一次。熟番以在工布所换之铜、铁、磁、瓦器皿，易其茸、麝、莲、桂。其记账法，用符号，取巨竹剖开，刺符号于其中缝，刺毕，各执其一，逾年算账，则取简合之。谈至此，日已向午矣。余亦疲倦，遂赠以茶壶、小刀、磁碗、手珠、糖饼之属。野番欢悦，起谢而退。余初至塞外，以藏番为野蛮民族。至是，觉藏番与野番，又有文野之分矣。

风景清幽之德摩

次日，余亦率部开赴德摩，行四日始至。德摩居工布之极东，居民二百余户，有大喇嘛寺一所。第巴住宅极壮丽，足与牙披营官住宅相颉颃。其地为一大平原，屋宇错落，风景清幽，阡陌相连，物产富饶。第巴人亦谨厚，时相过从。余驻此月余，招抚事毕，僧俗尤爱戴不已。暇时，辄与第巴入山射猎。此地野兽，以獐、熊为极贵重，故产麝香、熊胆为多，皆行销内地之珍品也。

入山猎取獐麝·藏麝之多

藏地多獐麝。余尝从番人至山中行猎，始知取麝之法。獐长二三尺，类鹿而无角，毛灰褐色。当春夏之交，辄侧卧山中，脐张开甚腥臭，虫蚁缘附则吸收之，又复张开。久之，脐满，遂成麝矣。麝之最贵者，为"蛇头香"，麝中之宝也。亦蛇闻腥臭，附脐上，獐衔其头而去，辗转月余，蛇身腐脱，其头含脐中，久而成麝，重恒一两以上，其他重不过三五钱而已。行猎时，獐行迅捷，犬追之不及。然獐行稍远，又频频伫立回顾，故易获之也。番人得獐，立取其脐，归而悬之室，历数十日始干。再掘土窑置其中，以□□生叶裹之，覆以薄土，火熬其上，去其腥汗，而后芬芳可用也。余自出炉关，沿途番人馈赠之麝，不下数十枚。入工布后，馈赠尤多，余又多方收买，总计藏麝二百余枚，重一百一十三两。

游贡觉·番女跳歌妆 [11]

一日，第巴偕其舅加瓜彭错来见。彭错现为贡觉营官，年六十余，岸然伟丈夫也。貌和蔼。泣诉藏王历年虐待情形，〈谓〉今见汉官威仪，始出水火而登衽席。余亦抚慰至再。彭错复请曰："此去贡觉不远，草屋数椽，尚堪容膝。老妻颇能治膳。公能枉驾一行乎？"余欣然允之。

次日，偕第巴及营部职员同往。行十余里，过一小河，河宽数丈，有舟可渡。舟长二丈许，宽约三尺，刳木为之，不假人工，真太古时遗物也。平流稳渡，又行二里许，至其家，则一极富丽之巨宅也。彭错夫妇迎至村外，皆六十许人。献家制果饼甚多，极殷勤。

坐移时，彭错笑谓余曰："儿女辈喜跳歌妆，尚优为之，请往一观。公鞅掌军事，恐犹不暇及此也。"引余至一大庭，见艳妆女子十余辈，舞袖蹁跹，歌声抑扬，历半小时始毕。

番女驰马夺球·番女之体力

彭错复约余至园中比射。置弓箭甚多，皆极粗笨。余家世娴弓矢，自火器兴，遂如《广陵散》矣。今故剑重逢，睹之欣然，遂偕众比射为乐，亦古人投壶之意也。比射毕，彭错又牵良马十余匹至，云："儿女辈能驰怒马，拔地上物，请试〈观〉之。"引余至河干，一望平原数里，细草如毡。地上每三四十步，立球竿一，竿高尺许。乘马女子，皆束丝带，袒右臂，鞭策疾驰，其行如飞。每至立竿处，则俯身拔之，以拔竿多少定输赢。中一女子，年约十五六，貌虽中姿，而矫健敏捷，连拔五竿，余皆拔一二竿而已。众皆鼓掌。

彭错引余回，复观其楼上大经堂。佛像庄严，陈设雅洁。惟佛前一碗不甚圆整，又饰以金花。怪而问之，乃人骨天灵盖所制。遂恶其不脱野蛮气，不欲纵观。闻藏地各喇嘛寺皆如此，殊不可解也。观毕入室坐，进面食。众咸称番女体力之强，马术之精，余亦盛夸乘马女子连拔五竿，虽丈夫不及也。彭错曰："此即侄女西原。"余称不绝口。第巴笑曰："公如属意，即以奉巾栉[12]如何？"众皆大笑，余亦大笑，漫应之。

既而入席，肴馔丰盛，皆其夫人手自调之，味颇适口。余素不能饮，是日亦饮酒不少。最后进腌酸青菜汤煮鱼一盆，尤鲜美无伦。余久食牛羊腥腻之品，即宣威火腿亦厌苦之，至是始得果腹。一餐之惠，至今不忘。其夫人见余爱此，乃另赠一盂。宴毕辞归，彭错夫妇皆送至河岸。归营，天已薄暮矣。

波密民族之强悍·建议六要政

工布民风纯朴，经余安抚后，人心大定。汉番情感，日增浃洽。番官喇嘛等，不时过谈，借以考风问俗。佥谓大军到后，比闾不惊[13]，民安生业。惟波密民族强悍，性残忍，时借通商为名，窥探情形，辄乘机入境，肆行劫掠，凡接近工布及硕板多至拉里一带，常被蹂躏，工布受祸尤深。唐古特屡次用兵，因其地险兵强，终难征服。防御偶疏，又遭荼毒。人民畏之如虎狼，谈者色变。余维大军入藏后，达赖、厦札相率逃至大吉岭，昵就英人，可忧方大，应乘此全藏底定之际，仿川边例，改土归流，建设行省治理之，不宜再事羁縻，一误再误。乃条陈改省、练兵、筑路、屯垦、兴学、开矿六事。入藏久不报，及闻僧侣所谈，益知波番强悍可虑。若长此不治，祸且蔓延腹地。乃一再考察，知其地东界工布，北界硕板多，至丹达，南与野番接界。其入工布之路，一由冬九入鲁朗，一由白马扛 **14** 入觉拉沟，皆工布边境也。波密地势，万山丛沓，绝少出产，民贫苦而性强悍。其酋长白马青翁，横征暴敛，民不聊生。其出而行劫，亦势使然也。

一言之戏·西原来归

余一日晨起，将赴喇嘛寺一游。途遇第巴，向余笑曰："彭错以公极称西原之能，早欲送来，为公给奔走役。西原亦甚欣喜。因略备衣物，今日彭错夫妇亲送其来，公当不以蠢陋见斥也。"余愕然。乃知一言之戏，竟缔孽缘。因途中不便深谈，乃约其同至喇嘛寺。晤呼图克图，第巴以西原事告之。呼图克图笑曰："此事大佳，我即为公证婚如何？闻此女矫健，胜似男子，给役军中，当不为公累也。"余知不可拒，笑应之。

第巴辞去，余与呼图克图谈西藏古代神话事甚久。忽第巴仓皇入告曰："波番数百人，昨已窜入觉拉沟矣。"余诘问实，即归营传餐〔令〕，亲率兵两队，疾驰而往。行三十余里始至，则波番竟夜抄掳，天明已饱载而归矣。时人民逃亡一空，仅一老番来见，云波番已沿河退去。

余以波番去不久，令觅一向导随往追之。老番谈虎色变，辞以不能。余因地形不明，无法进追，遂率队回营。时第巴及彭错夫妇已送西原至矣。范玉昆、张子青等咸集致贺。彭错夫妇导西原来见，靓衣明眸，别饶风致。余亦甚爱之。既而来宾益众，子青料理宾客，督治酒筵，忙乱不已。移时，延宾入座，畅饮甚欢。子青约第巴拇战，第巴屡败，不能饮，子青强灌之，席未终，即颓然醉矣。于是彭错夫妇亦告辞，扶第巴归。

活佛亦朝活佛·活佛高坐莲花中

余昨至觉拉沟，败兴而返。觉招抚事，终无所藉手，因令第巴再传觉拉沟熟习波密情形之人来此，详询之。次日，来一老人，亦语焉不详。余一再嘱其物色一人，携文书赴波密。老人曰："鲁朗第巴与波密冬九营官有旧，可衔命往。"余反复询问甚久，赐其酒食。食已，有醉意。余复问曰："老人如许年龄，又密迩波密，岂彼中情形毫无闻耶？"老人始从容言曰："我二十年前，曾一度随达赖至波密，但行未远即折回耳。"余问故，老人曰："达赖往朝活佛，故随之去。"余甚异之，曰："西藏止有一达赖活佛，岂有活佛尚朝活佛

达赖喇嘛出行

耶？"老人曰："我初亦疑之。因达赖每十二年必亲往一朝，故信之。"余曰："活佛究在何处？"老人曰："彼中活佛，距此一万八千里。何国何地，亦不知其名。但知经白马扛入野人地，又行数月始至。其地遍地莲花，气候温煦，树木扶疏，山水明秀，奇花异草，芬芳四溢，活佛高坐莲花中。莲花大可容人，白昼花开，人坐其上。夜间花合，人寝其中。地下泥土，捻来即是糌粑。枝头垂露，饮之皆成醇唥。人能诚心前去，无不立地成佛。"老人言之，津津有味。余不觉大笑。诘之曰："老人亦曾一至其地否？"老人曰："否，否。我至白马扛即折回矣。"余见其所言殊荒谬，亦不愿再听，遣之归。

野人山朝佛·野番百余岁之成案

次日至喇嘛寺，以老人言告之呼图克图。呼图克图曰："此波密人故神其说，以售其行劫之术耳。八年前波密曾造此语，哄动工布。于是入野人山朝拜活佛者，相望于道。有广携资财，举家前往者。有抛弃父母妻孥，只身前往者。有扶老携幼，牵牛羊前往者。甫入波密境，即被波番拦劫一空。至达赖朝佛事，亦实有之。每三年遣呼图克图一往，每十二年达赖亲身一往。犹记五年前，达赖往朝活佛，一行二百余人，由此经过，行至波密，与野番交界大山下，即为野番所阻。盖历年朝佛，道经此山，须赠野人铜、铁、磁、瓦器皿及金银甚多，名曰'买路钱'。例有规定，不增不减。独此次赠品，未能如数，互争不已。野人曰：'吾有成案可稽。'乃负一老野人至，置地上，年百余岁矣。头童齿豁，历数历次赠品之数。藏人语塞，悉数补出，始通过。"余曰："达赖亦朝活佛，真咄咄怪事！"呼图克图亦唯唯无以自解也。余尝谓中土称灵山为极乐西方，又言五台尽黄金，天下事无独有偶，得此则鼎足而三矣。

注释

1　呛呛，藏语音译，青稞酒。

2　增巴，后文作甑巴，今西藏自治区林芝市米瑞乡增巴村

3 脚木宗，又作角木宗、觉木宗等，位于西藏自治区林芝市巴宜区西北觉木村。1960 年撤销，东部并入林芝，西部并入雪巴县。

4 指当地百姓心悦诚服归附中央，庆幸能够摆脱以往的苦难。

5 呼图克图，蒙语音译，清王朝授于藏蒙地区喇嘛教大活佛的称号。

6 第巴，西藏地方旧官名，清初用以称呼西藏地方的最高行政官员，此处指西藏地方政府任命的地方或中下级执事官。

7 克，指西藏传统计量单位藏克，1 藏克约合 28 市斤。

8 藏文《大藏经》分为《甘珠尔经》《丹珠尔经》两部。前者为正部，是佛陀说教法的总集；后者为论疏部，亦称副藏，收录佛陀弟子及后世佛教学者对佛陀教义所作的论述及注疏。

9 德摩，位于今林芝市米瑞乡德木寺一带。

10 珞瑜，西藏自治区珞瑜地区，包括林芝地区的察隅、墨脱、米林县，山南地区的隆子县等边沿山区，是珞巴族、门巴族的主要聚居地。

11 歌妆，即锅庄，藏族民间节庆或农闲时所跳的一种舞蹈，男女手拉手围成圆圈，自右向左，边歌边舞。

12 奉巾栉，伺候梳洗，意为充当妻室。

13 匕鬯不惊，形容军纪严明，所到之处，百姓安居，宗庙祭祀，照常进行。

14 白马扛，即白马岗，为西藏自治区林芝市墨脱县旧名。相传 9

世纪时莲花生大师受吐蕃赞普赤松德赞之请遍访仙山圣地，到了墨脱，发现这里的地形像一朵盛开的莲花，有圣地之象，遂在此修行弘法，并取名白马岗，意为隐藏着的像莲花那样的圣地。

第五章　进击波密

耀兵鲁朗

自觉拉沟被劫后，工布人民益惊恐，深虑他日汉兵移动，波番乘势侵入，危害不堪言状。第巴等屡请为策久远。余亦不忍工布被其蹂躏，因详陈波番强暴及边局利害，据报入藏。旋奉令相机剿抚，余乃决定先抚后剿。拟率兵三队至鲁朗，意在耀兵绝塞，宣扬德威，使波番知所震慑，易于就抚，初无穷兵黩武意也。

德摩之高峻

德摩至鲁朗，计七十里。经德摩大山 [1]，山高十五里。余率队前进，行十余里，即见高峰插天，危崖峻壁，冰雪遍山，道路泞滑，竭蹶而过。经拉佐至鲁朗，再进即波密境矣。遂就鲁朗宿营。传第巴至，详问波密情形，嘱其明日持文告赴冬九 [2]。第巴有难色。余曰："明日我当遣一传骑同去，勿虑也。"

传骑竟被波番所杀

次日早，遣传骑偕第巴，持文告入冬九，谕其营官冲本，晓以向背祸福，冀其翻然归诚，不烦兵刃也。余亦于是日，率部回德摩。越两日，第巴回。余正嘉其归甚速。第巴愀然曰："传骑已被波番杀矣。我等甫行，至觉泥巴，即为波番所执，与之言，不听。示以文告，亦不理。竟杀传骑，释我归。

犹叱之曰：'后勿再来自寻死路。'"余初不料波番横暴至此，乃据实入报。

时钦帅联豫方筹议西藏改建行省，已专折出奏。因见尔丰已将川边各部落次第收复，亟思收复波密，以为改省之张本。乃决定剿抚方略，令钟颖率步兵一标，炮工各一队，集中工布，筹划进兵，令余整备待命。

大举进剿波密·冬九之形势

余乃厉兵秣马以待。既而钟颖偕统带陈庆，率步工各营队至，详考波密形势道路。决定第一步由冬九、纳衣当噶、八浪登至汤买[3]，并肃清两翼；第二步进至卡拖[4]、倾多寺[5]；第三步则向其酋长白马青瀚所在地进攻。

余率部先行，留西原在家，不可，必欲同行，亦听之。第一日宿鲁朗，以第巴为向导。次日四鼓蓐食，疾进至觉泥巴，零落十余户而已。番人犹未及知，留兵一排监视之，仍疾行而进。沿途长林丰草，乱石塞途。过长桥，行里许，即至冬九营官寨，有人户百余家。寨内仅营官冲本住宅十余所，环以土墙，外掘深濠，左山右河，形势险固。番人犹不知大军突至也。良久，其营官冲本来见，貌恭敬，而面狰狞可畏。余反复晓谕，示以利害，亦唯唯而已。波番身材雄伟，体力强健，又非工布人所及也。

白马青瀚之反抗

次日，钟颖率大军至。乃传檄白马青瀚，晓以利害，令于五日内来见。逾期仍无音耗。数日后，侦知波番已调兵拒抗。共议波番反状已露，再不进兵，反为所乘。闻前方八浪登一带，山势高峻，道路险阻，遂决定以余全营，偕工程营管带张鸿升部先进。大军则进驻纳衣当噶，俟先头通过八浪登，再行推进，以完成第一步计划。议决，余乃偕张鸿升由冬九出发。

旱蝗之毒螫

是日宿营纳衣当噶，有人户三十余家。次日宿甲米青波 [6]，则旷野荒山，夹道草深五六尺。草尖遍生旱蝗，细如针，闻人声则昂首蠕蠕动，附着人身，即钻衣入，沾肉吸血，顷刻长寸许矣。行者莫不遭其毒螫。予等将宿营地附近，以火焚之，始得安寝。番人言火焚处，遇雨复活，与内地蚂蝗同，而利喙过之。

波番诱我深入·绷勃飞鸣树梢

次晨前进，行四十里，登大山，山势巍峨，古树参天。行山腹道，历七八里峻坂，乃复下，下而又上。如是者又十余里，忽番兵阻其前，据险开枪。战移时，我以一排兵绕其上，乘高侧射，番兵始退。踵追而进，番兵沿途抛弃衣履，似甚狼狈，盖诱我深入也。又行十余里，至八浪登，番兵稍抵抗，仍退走。

八浪登乃一山腹隘口，无人烟，乱石嵯峨，洞穴天然如巨室，下临绝涧，深不可测。俯视河流，一线碧涛银浪，响彻山谷。弥望古树森森，皆三四人合抱者，高数十丈，荫翳蔽天。古藤盘绕，藤粗如臂，叶嫩绿色，应手而断，盖千百年前物也。林中有物，虎头狐身，肋生肉翅，状似飞虎，番人谓之"绷勃"，盖手翼类也。闻枪响声，飞跃树梢，其声呜呜，以数百计。

血战八浪登山下·方阵待敌

余以前进山势愈险恶，候鸿升久未至，乃留兵一班守之。仍率队前进，行七八里，渐纡曲下。遥见山下，密菁乱石，荫蔽道路。左为连山，右傍河流。前方四五里处，高山横亘。山下帐幕云屯，多数番兵撤卸帐幕，甚忙乱，似知大军已至者。余即停止部队，派侦探一班前进搜索。半里许即下山，忽左侧密林中，火枪土炮，轰然齐发。左山右溪，羊肠一线，士兵鱼贯而进，伤亡颇多，不能再进。乃以一队沿山行，相约进至密林附近鸣号音，余鸣号以应，双方夹击之。既而沿山一队攻至林内，伏兵果败退，李队官负伤。我正面之兵冲锋下山，行里许，则乱石塞道。番兵修石卡数道，高丈许，横亘去路，无可绕越。正踌躇间，正面番众据险轰击，左侧高山伏兵应之。往来冲荡，皆为石卡所阻，不能进展。

鏖战一时许，双方接近，短兵肉搏。移时，刘队官阵亡，士兵死亡相继，与番兵相距止数武矣。遥见番兵大队复绕山至，瞰射益急。战至日暮，鸿升犹未至。忽番兵数人，傍大石绕出余后，为西原所见，急呼余。余回枪击之，毙其一，余皆退走。余见此地，两面受敌，不如退下河边，乃挥兵徐徐退下。有石坎，高丈许，西原先余纵身跳下，以手接余，余随之下。而对山枪声忽起，向石坎猛射，弹落如雨。继余而下者，死伤七人。司书苏宝林亦死焉。既而士兵均下至河边，伏乱石中，成方阵待之。天已昏黑，番兵亦不敢再逼矣。清查人数，仅余六十余人。每枪弹药，平均不及十发。余乃多方安慰士兵，戒勿轻动。

渴食野菌

夜半，隐约见番兵数十，沿道路回，且行且笑，亦不知其作何语也。移时，月色朦胧，官兵整日作战，饥疲已极，援兵又未至。有伤兵二人，倚余卧岩穴中，呻吟垂毙。西原曰："张营如能援助，今日早至矣。君竟死守不去，试问天明后，番兵知我虚实，庸有幸乎？"官兵咸是其言。余不得已，乃于四更时，率部沿溪蛇行而上。时而攀崖，时而涉水。水深及胸，寒不可禁。余颠踣者再，赖西原扶之行。行数里上山，岩石陡峻，荆棘丛生。攀藤附葛，上至半山，天已微明，渴极，拾山上野菌食之，已惫不能行矣。西原乃负余登山，见鸿升警戒哨兵，始入安全境矣。至八浪登，众皆饥疲不堪。鸿升言："昨已天黑，不敢轻进。"余亦漫应之，不与较也。清查此役，我军阵亡官兵三十余人，伤二十余人，亦剧战矣。

援兵爽约又退回·番兵之夜袭

晚间，与鸿升一再筹商，决定明日两路进攻。鸿升沿大道进，至石卡附近停止。余率兵一队，沿左侧连山进，俟将山上伏兵驱逐，乘高下射。然后，张部攻其前，我部冲其右，番兵必弃险而走。计划定，凌晨，余与鸿升分途出发。余仍携西原同行。披荆斩棘，沿山行十余里，及抵石卡，对山中隔绝涧，不能复进，探望鸿升部，竟无一人至。守候良久，仍复杳然。孤军突出，恐被包围，惟有徐徐退回。余回至八浪登，鸿升又支吾其词，知已不能再言进攻矣。乃将番兵阻险情形，报请钟颖增兵协助。遂商鸿升固守待援。而番众已逼近八浪登，日夜攻扑。虽经我军击退，然番兵退而复进，相持四日。一夜二更时，番兵千余，三路呼啸而至，声震山谷。余亲出督战，战至四更，始击退。时月黑风凄，山高夜静，怪鸟悲啼，河水呜咽，用兵绝塞，凄恻心脾。觉古人乐府，犹无此苍凉悲壮也。

退兵纳衣当噶

次日，钟颖遣参军王陵基至，因熟商竟日。陵基力主退兵，云："此去山势险阻，我以两营兵力，深入敌境。彼竭全波密之力，出而拒抗。今粮弹两缺，汲道复梗。波番惯行山地，久之，绕出后方，扼险堵截，断我归路，则天堑难飞，欲归不得。计不如退兵纳衣当噶，有险可守，统领尚驻冬九，亦易联络。再请边军由硕板多进攻，以分其势。我军重整师旅，一鼓而进，胜券可操矣。"众韪之，决计退撤。

扼守石门

是夜，三更时退兵。陵基率兵一排先行，鸿升继进，余断后。途次尚无战事，至夹米青波大休息。抵纳衣当噶已夜半矣。次日黎明起，侦查地形。寨前三里许，有石门焉，极险隘。左有石墙丈许，即高山绝壁。右有横墙如城堞然，峻坂百余丈，下临河，河宽流急，对河亦高山绝壁。石门宽六七尺，出石门，即斜坡纡曲而下。相传藏兵屡与波番鏖战于此，乃古战场也。日久城堞虽毁，而遗址犹存。余乃就旧址，亲督官兵日夜修筑，两日即成。且于墙外加掘深濠。即以一队驻石门。石门后半里，有横溪，久涸。驻兵一队，中筑横墙数段，防对山侧射也。又后里许，鸿升驻焉。余率两队驻寨内。

石门鏖战·死生有数

越三日，番兵大至，屡攻扑，均为击退，死亡甚巨。已停止八日不攻矣。余不时巡视阵地形势，西原均随之往。见左面一带高山，皆绝壁，有斜坡数处，可乘险而下。复于横溪左后方，驻兵一队，以备不虞。

一日早餐后，余出石门外视查，见傍河一段墙稍低，恐警戒疏忽，番众由此侵入，乃集合官长，指示形势，复令系獒犬数头于墙下。正指划间，忽枪声突起，呼啸声大作，西原急牵余退入石门，则番兵已进薄外濠矣。

战移时，番兵伤亡巨，始渐退下，然枪声仍不少减。时余方踞坐石门左侧岩壁下，令西原回寨制面饼送来。久之枪声寂然，予以为番兵退走矣。忽我军左后方枪声复起。一传令兵急来报："番兵已由后方高山缒绳下矣。"予急驰回，留黄督队官守石门。黄即就予坐处坐焉。予行不及三十步，忽闻岩石爆裂声，回视，番兵乘高推石下，一石落黄坐处。黄头伤血流，臂断膝脱矣。后黄竟因伤重而死，使予不先离开，亦不免矣。险哉！生死固有数也。

既而予驰至后方，我军与鸿升部枪声已息，且将番众悉数扑灭矣。盖我哨兵，初见其缒绳下，隐伏不动，迨将下至平地，即排枪齐发。番众约百人，伤亡几尽，俘虏十余人，无一生还者。至是番兵不进攻者十余日矣。时钟颖驻兵冬九，已具报入藏，请边军协剿。但往返数千里，须一月后边军方能进兵，乃令我军严守以待。

番兵绕出后方

一日傍晚时，忽对河山上枪声突起，猛向溪内射击。幸为横墙所隔，无损伤士兵，亦不还一枪。未几，石门复发见番兵，蛇行而进。经我守兵力战击退。退移时，复又突至。于是对山枪声亦起，双方激战至三更后，战事始告终结。自后番兵亦不进攻矣。

越日，时见对山隐约有番兵少数，向冬九方面去。而遣赴冬九投文之传令兵，回至中途，亦见对山有番兵不少。余料石门天险，屡攻不下，番兵必不肯再攻。但我军屯兵日久，形见势绌，波番定绕出冬九，攻我所必救，则纳衣当噶之兵，可不战而退。因冬九为我军大本营所在也。乃与众共商，石门虽险，终难久守，不如合兵冬九，犹可团结兵力，固守待援。众皆以为然，遂转报钟颖。〈钟〉久不决，余等惟有严加戒备而已。

士兵谈鬼·鬼影之跳跃

我军自防守纳衣当噶以来，先后二十余战，死亡已达百余人。青磷白骨，触目心伤。数日前，巡视防线，闻兵士数人谈夜见鬼火事。询之，异口同声，余犹斥之。忽一夜初更将残，一卫士入告曰："对岸鬼火又见矣。"余急出视，则见对岸果有火光，高十余丈，色黯淡，不甚光明。再进谛视之，相距不过百丈。见火光圆似箕，大亦如之，有无数人影绕火围坐。时西原随后至，余问有所见否。西原指火光处言曰："火光中时有一二人跳跃往来，君见之否？"余视之，果然，遂下山迹之。行愈近，光愈低，下至河岸，则光渐灭，一无所见矣。

余生平习闻鬼怪之说，然目所亲见者，止此一次而已。释氏言天堂、地狱，随人心境而异，善则超升天堂，恶则堕入地狱，如磁石引铁。然彼浅儒不察，动持无鬼论以非议之，不知子不语怪力乱神，固自有其神怪在焉，特不轻言之耳。夫芸芸众生，质本凡庸，生前既无建立，死后自然消灭，此理之常也。若夫忠臣孝子，烈士贞女，仓猝遇变，誓死轻生，精灵不昧，遂呈异状，此亦理之正也。况为国捐躯，魂羁异域，依同袍而不散，乘月夜以现形，此为余所目睹，而亦理所必然。薪尽火传，安可以怪异目之耶。

退兵冬九

我军防守既久，番兵已增至万人，其大部则纷纷由对河山后绕出冬九。沿河右岸，处处设伏，以致递送文报之兵，时被对河伏兵射击，死亡不少。至后传递往来，皆须绕山而行。惟牛马驮运粮秣，非遵大道不可。且需兵一队以上护送之。至是纳衣当噶至冬九之路，已渐梗阻矣。既而番兵大部，逼近冬九，仅隔一河。幸拉萨增加步兵两营，骑兵一营，格林炮 [7] 六挺，已到冬九，兵力尚厚。又数日，番兵已出没冬九至鲁朗间，不时劫夺粮运，后方交通亦梗阻矣。于是钟颖大惧，乃飞调我军集中冬九。余遂偕鸿升乘夜撤退。行三十余里，天甫晓，番兵又追至，我军回兵奋战，毙其百余人，始败退。我军即乘胜退回冬九。

番兵层层包围

我军退至冬九，时方正午。晋谒钟颖后，即偕各管带登山视查地形。冬九在河之北岸小山上，左为横山，蜿蜒直达波密之汤买，长六百余里。由冬九东行二里许，过长桥向西行，至鲁朗。向东北行，即纳衣当噶也。过桥后，两面高山矗立，小道中通。桥之西岸，乱石巉岩，番兵守之。过此约半里，两面高山，亦为番兵所据，众不下四五千人。至沿河要隘，及横山一带，皆我军守焉。幸河宽水深，番兵不能徒涉，仅隔河不时开枪射击而已。佥以对岸之敌，不急驱逐，则后方交通一断，粮运不继，危险殊甚。乃连日冲锋出击，虽屡经击退，然番兵乘高据险，退而复集，我军死亡已达三百余人。冬九左侧大山，又为番兵占据。

黑夜退兵鲁朗·钟颖卧地不起

又数日，鲁朗运道已梗，存粮仅支三日，番兵愈集愈众。钟颖乃决计退鲁朗，俟与边军联络再进，免为所困，时四月初旬也。波密气候炎热，乃乘夜全师撤退。令余先以一队出桥，扫清乱石之敌，掩护大军前进。余自率三队断后，并焚毁桥梁，断其追兵。密议定，至夜四更时，我先头一队冲锋出桥，乱枪轰击，大炮同时猛射。大军乘势前进，一时枪炮齐鸣，声震山谷，弹飞如雨，捷若霆电。余即封闭桥门，纵火焚之。

我军且战且行。钟颖体痴肥，不能行。初出桥，见弹火喷飞，光明如昼，惧为枪炮所伤，卧地不起。余选健卒二十余人，更番舁〔昇〕之行。幸是夜番兵猝不及防，火枪土炮，发射迟缓，我军出其不意，以全力猛扑，故不能抵御，渐次引退。其扼守道路之番兵，亦奔避登山，我军始得安全退出，仅受伤兵士二人，亦云幸矣。

行至中途，遇德摩解粮兵一队至，云："出鲁朗十余里，遇番兵百余人，经力战击退，向山上奔逃。粮秣均无恙。"

余甚喜，遂同回鲁朗，已午前十时矣。官兵竟夜作战，不得食又行甚急，均饥疲不堪，余勉出部署警戒即回。夫役进面饼，西原炒牛肚一盘至，余持饼倚枕而食。食未竟，即沉沉睡去。醒来漏已三下，残饼犹在手中，疲劳可知矣。

新兵队之补充

我军入藏经年，行军作战，死亡不少，钟颖乃由川募兵补充。有溆浦人陈遐龄[8]，随黄忠浩[9]入川，任工防营管带，所部大半募自湘西。后川军扩编成师，工防营撤并之。适西藏募兵，乃择其愿入藏者，得百六十人，编为新兵一队，送入藏。官兵以余湘西人，咸愿隶余部。时波密之役，余部死亡甚巨，钟颖即以新兵队补充之。于建制四队外，加编新兵一队。

前敌易帅·钟颖之愤骂

我军退鲁朗后，拉萨得报，大震惊。联豫调钟颖回藏，以左参赞罗长裿[10]出而代之。钟颖得藏友密函，乃大患。及长裿至，相见无一语。明日封送印册，即匆匆回。钟颖宽厚，得士卒心，濒行，官兵皆泣送之。余与各管带随陈统带送至德摩山下。钟颖召余等入室坐，愤然曰："吾不能藏否人物，而谬托腹心，今竟为所乘矣。"众问故，颖曰："始罗统川边新军，以失机被撤。钦帅置之幕中，司文案。长褚时出怨言，钦帅亦衔之，罗局踧不自安。适吾赴更庆谒钦帅，罗走送郊外，向吾泣曰：'钦帅不见容，弟不一援手，力求联帅调我入藏，我无死所矣。'吾念在川曾与一度订盟交，遂慨然许之。急为请之联帅，始奏调其入藏焉。今竟乘我之危，多方媒孽 [11]，取我代之，此尚有心肝乎？吾认贼作友，吾之过也。"言讫，愤骂不已。久之，始别余等，恨恨而行。

注释

1　德摩大山，即德木拉山。

2　冬九，位于今西藏自治区林芝市鲁朗镇东久乡一带。

3　汤买，今西藏自治区林芝市波密县通麦镇。

4　卡拖，今西藏自治区林芝市波密县扎木镇卡达村。

5　倾多寺，后文又作春多寺、春倾寺。位于今西藏自治区林芝市波密县城北面的倾多镇。

6　甲米青波，后文作夹米青波。

7　格林炮，即加特林机枪，由美国人加特林设计的一种手动型多管机枪,19世纪末传入中国,当时称为"格林炮"或"格林快炮"。

8　陈遐龄，字立鹤，号云皋，湖南怀化溆浦人。1894年，中武举人，后赴日本成城学校学习军事。1907年，任清军标统，率部驻防雅州。民国初年，任川边镇守使，1920年代在四川军阀混战中战败，返回湖南老家。

9　黄忠浩，字泽生，湖南黔阳人。早年以优贡生捐资为内阁中书。后受张之洞赏识，开始军旅生涯。曾掌湖南营务，统领湖北巡防军及荆襄水师。1910 年，任四川兵备、教练两处总办，升署四川提督。1911 年，死于长沙辛亥之役。后人辑有《黄黔阳遗诗钞》。

10　罗长裿，字退斋，号申田，湖南湘乡人。湘军将领罗泽南嫡孙。光绪二十一年（1895）进士，授庶吉士，旋擢编修。捐纳道员，任职江苏、四川，官至川边巡防新军统领、驻藏左参赞。被驻藏大臣联豫派往波密平叛，但与钟颖不和。辛亥革命爆发，于藏中罹难。

11　媒蘖，比喻借端诬陷，酿成他人罪过。

第六章 退兵鲁朗及反攻

人弃我取之三奸

长裾至鲁朗，颇重射击，日引官长至郊外比射，以定升降。又用川人周春林、张鹏九，鄂人方仲孺三人。周随军入藏，任排长；张随输运队入藏，任司书，均被撤，流落拉萨，不能归。方后随新兵营入藏，任书记，亦众所不齿者。不一月，周升预备营管带，张、方皆擢升善后委员，日夕不离左右，长裾颇倚重之。后波密平定，长裾委张为冬九理事官，委方为彝贡理事官。犹记方任事之初，寓书遍告朋辈，书中有"弟以武夫而干文事，不啻汗牛充栋"之语，全藏传为笑柄焉。

边军会师进攻·尸残原野

前敌易帅，多所更张。又值初秋，气候渐寒，乃令西原随钟颖一同回德摩，清检寒衣。西原初不肯回，余许以翌日出发再来，始行。

余回鲁朗后，搜讨申儆，士气大振。番兵亦严守冬九，不敢越雷池一步。一住经月，赵钦帅始遣彭日升[1]率边军三营，定期由硕板多经春多山，直捣中波密，令我军同时向冬九攻击前进。长裾奉令，因准备粮秣输运，迟四日，始令余率部先进，附格林炮三挺。余整队出发，沿途皆无番兵。至冬九桥，亦空无一兵。搜索寨内，居民皆已迁徙。余甚诧之，遍搜附近数里，均无人迹。判断边军必已攻入中波密矣。乃急报长裪，请示进止。

余是日即就桥西平原中，刈草莱，张帐幕止宿焉。此地久为番兵所据，尸骨遍野，壁垒依然。余下马凭吊，犹恍惚如闻当日奋呼杀贼声也。夜半，时闻臭气，不能成寐。秉烛起而迹之，则不少断肢残骸，掩藏土中。余枕畔亦得碎骨数块。盖鏖战久，天又炎热，死亡尸骸不能收殓，以致血化青磷，尸残原野。睹兹遗骸，不禁恻然。

旧垒重经

次日午后，长裪亲率大军至。信宿即进，留余殿后。余迟一日始出发，过纳衣当噶、八浪登时，旧垒重经，遍检遗骸，日久天热，悉化虫沙。仅在八浪登山下，寻获刘队官尸身一具，火化裹包，携之以行。余皆残骸满地，碎骨渗沙，无法认识矣。余惟忠诚正气亘古常存，固不必辨蒋侯之骨，归穆伯之丧也[2]。因在此停止半日，督令士兵，聚残骸于一处掩埋之，始行。

三山高耸入云·弃材无所用

由八浪登前进，经京中、树枝、央噶三山，皆重岗叠岭，高耸入云。远近众山，一齐俯首。而危崖狭道，陡峻异常。我军穷三日之力，始能通过。每下一山，皆须整日趱行，恒登降于深壑绝涧中。山中皆千年古树，大树十围，高数十丈，直矗霄汉，荫蔽不见天日。此道偶有番商往来，然负重而行，必须六日，始能通过。三日宿山上，三日宿谷底。山上无数弓平地可栖止，故番商恒傍大树根，凿穴隐身，以避风雨。久之，穴宽八九尺，深五六尺，人可挺卧其中矣。然凿穴如此之巨，犹未占全树之半。此真大而无所可用者也。余尝谓材虽栋梁，而生非其地，不遇其人，亦终老穷荒，弃如废材。人之怀瑾抱璞而不遇者，亦犹是耳。又山中秋高叶落，泉水久浸，遂成积潦，水阴寒而含毒汁，番人饮之，颔下生肉瘤，垂五六寸长，波番无老幼男女皆有之。下山，地势起伏，行半日至汤买。薄藏布江 **³** 横其前，宽十余丈，波涛汹涌，有藤桥通之。大军前进后，已被番人斫断。乃就河岸宿焉。是日，行进甚速。途中渴燥，汗流不止。入河濯巾洗尘，又觉寒透肌骨不可支。盖波地山高岸陡，溪小水寒，终岁不见天日故也。

汤买之藤桥

是日，遍寻居民，皆匿不出见。至夜始有一番人至，乃此地小头目也。余悬重赏，募人架桥，诺之。次日凌晨，即引一老番，负藤绳两盘至。沿河上下，呼唤甚久，始见对岸来一番人，手携毛绳，于是彼此各持绳之一端，向上流力抛，忽两绳相交，结成一绳，再系桥绳，引渡而过。两岸原有石墩，高丈许，中埋木柱，拴桥绳于柱上，即成桥梁矣。对河番人，攀缘藤绳而过。余取所携毛绳观之，其一端系有三棱铁钩。又视老番绳端，亦系一铁球，大如卵。始知两绳相交，即钩结为一矣。渡桥法，人依桥柱，背河而立，有曲木长尺许，如半月形，紧系胸间，桥绳即由此穿过。另一细绳，系人背上，直达彼岸，一人牵引之。凡渡河之人，仰身倒下，手足紧抱桥绳，手攀足送，徐徐而过。对河一人持细绳，亦徐徐牵引之。

木瓜香闻七八里·彝贡复叛

桥既成，官兵陆续渡之，每渡一人，约需十分钟之久，全营三日方渡毕。当我军初渡兵一排时，余即继之渡过。初则顷势下降，甚易，仅下视洪涛，不无惴惴耳。迨渡至桥中，绳下坠丈许，距水面亦不过二丈，浪花喷飞，扑面沾衣，不觉惊心动魄。仍竭力攀缘，久之，始达彼岸，已喘汗交作矣。此岸有居民百余户，均已逃避。余驻此两日，俟全营渡毕始行。从此道路稍平，山较少。行河右岸，沙洲七八里，皆木瓜树，郁然成林，树高丈许，结实累累，清香扑鼻。

又行十余里，接长裪令，以彝贡番人复叛，驻军损失颇巨，令余急率部进剿，以清后路。又行数里，遇一司书，狼狈至，乃由彝贡逃出者，携之同行，至别夹宿营。询其经过，知大军至汤买时，彝贡喇嘛即来投诚，乃留兵一队驻其地。殆官兵垂涎喇嘛寺财物，肆行掠取，遂激变。复聚众千余，围攻两日，驻军不支，被缴械。死伤尤众，生还者不过四十余人而已。

彝贡之海子

翌日出发，行五十里，沿溪进，途中时见村舍，傍溪右岸。又行十余里，横山阻之，山高而险，山后即番兵所在也。左为大海子，宽里许，长数十里。对岸即彝贡，人户甚多。闻向导云："二十年前，此为小溪，后因右面高山崩溃，壅塞山谷，遂潴为海子，而右岸亦夷为平原矣。"我军沿海子下流里许，徒涉过水，深尺许，遂宿营彝贡。遥见海子对岸，无数烟堆，番兵往来其间。沿岸登陆处，似均掘有濠堑。余部署甫定，边军彭管带日升开到。日升，永绥狮子桥人，入川二十余年，由夫役积功升管带，为边军骁将也。异域相逢，倍动乡情。日升力白："愿以全力协助。"余甚感之。约以明日拂晓进攻，彭营由左岸登山，我军由彝贡渡海。议定，日升辞去，即军于海子下流五里许之村内。

黑夜偷渡海子·两战克敌

收复波密，余实首议，乃以友军不力，致兵败退回。今彝贡小丑，尚烦边军援助，余甚耻之。计非立功自见，不足一雪此恨。乃激励官兵，单独进攻。众咸为感动，愿效死力。

乃于上流搜集木船七只，至夜四鼓时，派两队越过对岸大山攻下。余率兵两队，绕至上流四里处，乘船偷渡。时月色昏朦，舟小人多，微波荡漾，左右倾簸，舟不灭者一指。戒士兵，万一番兵发觉开枪，宜定静，一动摇，舟即覆灭矣。幸值昏夜，距敌尚远，平流缓渡，舟行无声。渐近岸，即隐舟芦苇中。

余原与越山进攻两队约，俟其下至半山，鸣枪为号，余即起而应之。但守候甚久，犹未闻枪声。又恐天明为敌觉。余遣出侦探，回报云："番兵数人一组，围火坐，多已盹睡，毫无警戒。"余遂决心出其不意掩袭之。预计接触后，我越山之两队，当亦下山矣。乃舍舟登陆，鼓励士众，两路齐进，直攻其村寨。番兵闻枪声，始惊醒，稍还枪，即溃不成军矣。我越山两队，已下至半山，适遇被我击溃番兵数百人，向山上窜匿，乃猛力射击。番兵不料我军忽又从山而降，退避不及，死亡几尽。一时枪声喊杀声大作，番兵遂豕突狼奔，向上流溃走矣。此役毙敌三四百人，我军伤亡四人而已。

余集合全营，分三路沿海子搜索前进。沿岸地势平坦，行十余里，至一大森林，番兵数百，复阻险开枪。中路接战，约半小时，我左右两路兵抄至，番兵被我三面夹击，不支，又四散奔溃。我军就此大休息，约一小时。

绝荒忽得美味·边军来会师

又行四十余里，皆一带平原细草，风景天然。天已不早，就草原中宿营焉。官兵饥甚，采樵而炊。护兵某，在山后摘回子辣椒甚多。某队在山中搜获牛一头，不及宰杀，即割其腿上肉一方送来。余正苦无肴，得之大喜。乃拌子辣椒炒食之，味绝佳。余生平酷嗜此味，入藏久不得食矣，今不图于万里绝荒，又值战后饥苦之际得之。是日，啖食不知几许，但觉腹累累，坐地不能起矣。

是夜，四更造饭，五更又出发。仍沿海子上，地势起伏，尚无大山，沿途亦无敌踪。行五十里，至一地，忘其名，有居民数十户，但屋宇均极湫隘，远不如工布屋宇之精洁。甫宿营，彭日升率队至，见面致贺，略无愠色。余殊惭负约独进，因约至静室，为述前此战败退兵之耻，欲藉此一盖前愆，非敢争功也。促膝倾谈甚久。日升亦颇谅余之苦衷，复商进兵事。侦知番兵大部已退至八阶⁴十四村，由此前进不远，即渡小河右行，余自任之。日升则前进二十余里，即海子极端也，沿海岸行，肃清哲多沟彝贡即回。议定，翌日诘早出发，余与日升临岐依依，约以春倾寺再会。时边军均驻春倾寺也。

再渡藤桥

余出发，登山行数里，一带深林密菁，道路崎岖。下山即溪河，宽五六丈，岸高略等，藤桥通之。但引渡器具皆无，幸昨夜携来老番三人为向导，乃为撤驮鞍曲木代之。中一老番，年八十余矣，极矫健，手攀藤绳，悬身并足，顷刻而过，见者皆为惊叹不置。通事曰："波密地多藤桥，故村寨中皆牵绳为桥，高四五尺，密如网，便儿童练习也。番人童而习之，长而娴熟焉。此桥攀渡甚难。中波密山高岸陡，别有所谓鸳鸯桥者，即用藤绳两根，甲绳则系于甲岸高处，徐降至乙岸低处焉。乙绳则系于乙岸高处，而徐降至甲岸低处焉。各悬竹筐，人坐其中，手自引绳，徐徐降下，势等建瓴，往来极便捷也。"

进兵八阶十四村

我军渡河，又费一日夜之力，全营始渡毕。再沿河进，两岸高山逼狭，时行山腹，时行河岸，军行甚苦。行七十里，至八阶，忽现平原，纵横里许，有居民数十户，又有小喇嘛寺一所。番妇数人来见，细询之，云："前日有番兵数十人，由此回家矣。"余曰："番兵甚多，当不止此数。"番妇曰："彼等皆由各处征调而来，非一地一村之人，闻战败后，均纷纷由山后逃回家矣。"余将信将疑，仍多方侦探。驻此三日，所得情况亦同，始率队回彝贡。

雪晶·蜜蜡

驻八阶时，余宿喇嘛寺内，官兵半宿营半露营，傍河岸支帐幕焉。士兵掘来雪晶，巨如斛，小如拳者十余方，洁白莹澈，如水晶然，烈火不能化也。又掘得蜜蜡数十块，色金黄，微红，中含蜂蚁甚多，栩栩如生。余复至河岸，掘出甚多，满装两袋，驮之归。次日，一老喇嘛来见，谈十四村事颇详，盖极荒僻中之野蛮部落也。复询雪晶、蜜蜡所自出。喇嘛曰："此地绝壁千仞，山巅皆万年积雪，亘古不化。历千万年后，冰凌结晶矣。性极寒，凡眼目因热肿痛，以雪晶擦之，痛立止，肿亦消矣。至皮肤病，如疮疥之类，因血热所致者，擦之无不立效。蜜蜡亦蜂巢，削壁上积蜜，久无人取，历千年后结块如石，遂成蜜蜡，藏人取为捻珠。此二物，皆年久岩石崩落始得之。波密亦惟八阶十四村有之，皆珍品也。"

劝君莫打三春鸟

余抵八阶之次日，喇嘛送牛、酒、糌粑犒师，遂分给官兵食之。是夜，有小牛至屠牛处，宛转悲号，惨不忍闻。次日又如此。余怪而问之。喇嘛曰："凡未离乳之牛，屠其母，血渍地上，百日内小牛嗅之，犹知为其母也，则号泣悲鸣。尝徘徊至数十日不能去。"余闻之，怅然若有所失。昔余过秦陇，见乡村墙壁间，遍贴长条如广告状，词曰："劝君莫打三春鸟，子在巢中望母归。"可见地无东西，心理则同。人禽虽殊，共此佛性。至若儒家远庖厨，释氏戒杀生，此又仁人之用心也。然则今之手刃父母，而自鸣工作彻底者，其视小牛为何如？吾不禁浩然长叹！

桑田变为沧海

余自八阶整旅还，即沿河而下，不渡藤桥。行五十余里，至海岸。从此沿海岸行二日至彝贡。沿途村落甚多，不似对岸之寥落。余出发时，先遭通事持文告，晓谕各处人民安心回家。余每至一处，必召集人民，多方抚慰，番人大悦。滨海一带，时见水中枯树林立，浮出水面四五丈，其树干犹在水中，不知其高几许也。番人云："二十年前，此地森林甚多，自山崩成海，森林遂大半汩没水中矣。两岸屋宇，沉灭海中者，更不知凡几。"复指海中某处，昔日之村落也。某处，昔之喇嘛寺也。及当日山谷变迁情形，历历言之，如闻长爪仙人，谈东海三扬尘也[5]。

涔蹄[6]之泽育宝马·回军卡拖

余将抵彝贡时，见一大平原，围木栅成椭圆状，马数十成群，驰逐其中。番人告余曰："彝贡产马甚富，此即马场也。"近视之，群马奔驰殊雄壮。一枣骝马，昂首奋鬣，奔踶疾驰，众马莫能及也。抵彝贡，询诸头目，皆云："此彝贡名马也。彝贡滨海，海龙出水与马交，故生龙驹。"余笑曰："涔蹄之泽，亦生龙蛇而育宝马耶。"因喜其英骏超群，出重金嘱为购致，头目等允为物色之。约以五日为期，余授以藏币三百元为订金。是时，长裿驻卡拖。因波酋白马青瀚窜入野人山，长裿调余至卡拖，筹商进剿事。余因连日进军，官兵甚疲劳，遂休息一日，始率部开赴卡拖，行两日始至。

余抵彝贡二日，彝贡头目送枣骝马至，云："此彝贡名驹也。"余出视之，英骏不似前日所见者。复邀同辈中善相马者，共视良久，亦谓此马鬃尾极粗，恐非良骥。特骨干粗劲，头面雄阔。试乘之，亦了无他异，遂不觉大失所望。

白马青瀚窜野番·卑辞谒见奢可削

我军退鲁朗后，波番倾巢远出，进屯冬九。边军乘其不备，突入倾多寺，冲其腹地。于是波酋白马青瀚大惊，急调冬九大军回救，已无及矣。使钟颖不去，按期早进，则白马青瀚可虏而致，波密可完全底定矣。迨我军与边军会师后，白马青瀚率残部数百，越野人山至白马扛。其极有权势之奢可削（番官女婿之称）林噶，节节顽抗，经边军三战三败，亦窜野人山下之格布沟。

余抵卡拖，长裿以余克复彝贡，不假边军之力，欣然嘉慰不已。复商进军格布沟，余以其地荒远，用兵不易，力主招抚，长袴亦同意。于是遣排长王孚，偕一番官前往。沿途皆悬崖绝涧，历藤桥七处，始至格布沟。其地三面绝壁，河流环绕，后依白马扎大山岭，岸高流急，无路可通，仅藤桥一线，恃为津梁耳。林噶率侍卫百余人，住山上喇嘛寺，山下有百余人护藤桥。番官往返过桥，述明来意。候一日，始准过桥。王孚等至喇嘛寺，林噶踞高座见之，傲不为礼。王孚等伏谒甚恭，前致词曰："大军之来，因冬九人民屡为工布患。乃奢可削不察问罪之由，误启衅端。今幸天讨已申，波密底定，边军即日撤回昌都。我军因波地无主，静待奢可削早回镇抚，即便撤回。参赞特派某等前来奉迎，请即命驾同回。"反复陈说甚久，林噶犹未深信。又住两日，百计安慰，始率众来降。

尽杀招降番官

经过仁进邦，我军驻兵一营，乃止其随从，告以边军驻卡拖甚多，恐生误会。至卡拖，馆于喇嘛寺，备陈水陆，极尽优渥。但密派士兵监守之，不令出入耳。次日，余往会之。颇疑惧，问参赞何在。余曰："已赴昌都谒赵帅，明日即回。"始安之。长袴因各处招降番官均解至，乃决定一并诛之。翌晨，长袴至郊外刑场，升座，解林噶及招降番官至，数其罪，咸就缚焉。惟林噶体貌雄伟，年二十余，见长裿升座，知有变，怒目咆哮，不肯就缚。健卒十余人，反接其手，以毛绳紧缚之，犹狂跳奔逃，毛绳尽断。余急夺卫士刀，自后斫之，始扑地就戮。

昌都喇嘛[7]之献计·白马青翁授首

林噶及各番官骈诛后，遂不能再以计诱白马青翁矣。白马青翁远窜野人山，又无法用兵。于是长裿乃赴昌都，谒赵帅请示方略。赵为悬重赏，通令各理事官、番官，募能生致白马青翁者。适有新任昌都理事官朱慎，晤昌都喇嘛寺管事喇嘛，偶谈通缉白马青翁事。喇嘛曰："余昔游野番地三载，为野人诵经，颇识各处酋长，不知渠辈今尚在否？"慎亟怂恿之曰："曷往一游，万有一成，以赵帅之力，为子谋一喇嘛寺呼图克图，不难也。"喇嘛大喜，赢粮而往。至野番地，晤昔时所识酋长，扬言大军数万，已平定波密，现闻白马青翁逃匿至此，将移师压境，宜早为之谋。野酋大惊，求计于喇嘛。喇嘛曰："白马青翁现在何处？"野酋曰："前已入境，吾等尚拒之，不使过夥惹桥。"喇嘛曰："何不诱而杀之，函首送汉军，可免祸矣。"野酋踌躇良久，曰："万一波番报复，奈何？"喇嘛曰："汝既拒其入境，彼衔恨已深，今不杀之，能保其将来不图报复？祸在眉睫而不顾，遑计后事耶！"野酉大悟，急召各山酉长共谋数日，乃决定从喇嘛议。竟诱白马青瀚过桥，执而杀之，复以强弩守其桥岸。波番见酉长已死，又为弩箭射死十余人，悉散去。喇嘛乃偕野酉，函白马青瀚首，绕道送至卡拖。长祎重赏野酉而去，又送其首入拉萨献功。赵帅以昌都喇嘛功尤伟，遂升为硕板多呼图克图。此役不烦一兵，不费一弹，而能收此全功，诚有天幸，非人力也。

神造之藤桥·藤桥之构成

波密入野番，中界白马扛大山。过山行十余里，雅鲁藏布江横其前，江面宽七十余丈，有藤桥通焉。两岸绝壁百丈，遍生野藤，粗如刀柄。桥宽丈许，高亦如之，皆野藤自然结合而成，不假人工。形如长龙，中空如竹。枝叶繁茂，坚牢异常。人行其中，如入隧道。野人呼为夥惹藤桥。"夥惹"，番语为神造，即神造藤桥意也。野人迷信神权，语涉荒唐，原不足据。究之，此桥如何结合而成？河幅宽至六七十丈，岸高亦近百丈，此决非人力所能牵引而成者。意者，陵谷变迁，匪可思议，安知今日之大江，非太古时之溪流也？今日之高岸绝壁，非太古时之沟渠浅濑也？山溪既生野藤，则当日结合自易，稍加人力，遂成小桥。迨经千万年后，浅流变为巨浸矣，小溪变为大江矣。水力既猛，冲刷日甚，故河身愈久而愈深，河岸亦愈冲而愈阔，而短桥之藤，亦愈延而愈长矣。虽其构成之经过，不可得见，然以理推断，其所由来者渐矣，非一朝一夕之故也。

石队官一去不回·银骨塔·波番之劫营

白马青瀚与林噶先后就戮，各处投降番官亦诛戮几尽。于是波人震恐，无所逃死，复有倾多寺呼图克图，及营官觉罗涅巴等，聚众数千于八噶山，声言报仇。其地距春多八百余里，中隔金珠山，皆荒徼不毛之地也。终年积雪，仅每年夏秋可行，余时雪封山矣。长裿恐其窜入，乃派兵一队，驻金珠山防之。余以地势荒远，雪山甚大谏阻。不听，竟派之。队官石姓，山东人也。后驻波军队哗变回藏，此队因大雪封山，不能归，尽被波番杀之。又有谓已逃至三十九族，被藏番所歼。未知孰是。

长裿以波密全境平定，乃筹划善后，分全波密为三县，仿川边例，设理事官治理之。又取中波密喇嘛寺银骨塔解京，献于贝勒载涛，藉以表彰平定波密之功绩。此塔以银制成，上嵌珠宝甚多，为呼图克图示寂后，焚尸装置之所。各地喇嘛寺皆有之。后闻此塔解至雅州，内地已反正，遂不知流落何处矣。

时边军已撤回两营，彭日升尚率兵一营驻春多，日与官兵夫役作牧猪奴戏 [8]，毫无警戒，亦边军积习使然也。此军随尔丰在藏久，颇能野战。然平时无教育，无训练。驻军时，但于营内设更鼓焉。一夕，官兵聚赌楼上，正呼雉喝卢 **9** 间，忽番兵百余人，持利刃潜入营，巡更兵方起如厕，番兵突入喊杀。幸楼上官兵闻警，开枪堵击，毙十余人，始遁去。边军亦死伤数人，亦云险矣。

注释

1 彭日升，湖南永绥人。1902 年，入清军。后随赵尔丰征战川边，以军功致边军前营管带。1910 年，因四川新军征讨波密不利，奉赵尔丰令，率部从北部攻入波密，驻军春多寺，后撤回昌都驻守。

2 此句意为只要忠诚正气长存，不必拘泥丧葬礼仪，辨别将士遗骸，将其运回故里安葬。

3 薄藏布江，亦名博藏布河，今西藏东部波密县境之帕隆藏布，雅鲁藏布江的主要支流之一。

4 八阶，今林芝市波密县八盖乡。

5 出自葛洪《神仙传》。长爪仙人，传说中的神仙麻姑。东海扬尘，原谓东海变成陆地，扬起尘土。比喻时势变迁，世事变化很大。

6 涔蹄，路上蹄迹中的积水。形容水量极少。

7 昌都喇嘛即后来著名的诺那活佛。据《四川省志·人物志》，1909 年，西藏地方政府调集藏军阻击川军入藏，次年川藏两军激战工布江达一带。时逢诺那受聘于土酋白马青瀚家，为其出谋献策。诺那作为三十九族代表，谒赵尔丰于昌都，请求内附。白马青瀚不从，诺那遂联合其他土酋，擒斩白马青瀚。赵尔丰为此奏请朝廷封诺那为西康大总管，称呼图克图，建诺那寺。

8 牧猪奴戏，古代的一种赌博游戏，此处指赌博。

9 呼雉喝卢，原作呼卢喝雉，形容赌徒赌兴正酣时的样子。

第七章 波密兵变退江达

哥老会之势力·排长长跪·捕杀会首十三人

边军彭营，不久亦回昌都。长裿移驻春多寺，余仍留卡拖。时春林在长裿左右，屡言："哥老会势力，已布满全藏，军队尤甚。前此败退鲁朗，乃军队不服从官长命令，而惟彼中会首意旨是从，致有此失。今兵气益嚣张，官长拥虚名而已。我军远屯塞外，脱有事变，危险不可言矣。"长裿在拉萨，即习闻哥老会之名，而深恶之。至波密后，春林又屡以为言。长裿遂思乘此波密平定之时，严加整顿，以除后患。适驻春多排长王雨膏，因处罚兵士稍失当，哥老会即在郊外"传堂"[1]，罚之跪。其执行首领一正目也。长裿自喇嘛寺楼上瞥见，而不解其何故，使春林查之。春林以实告，长裿大怒曰："排长处罚一兵卒，而正目挟哥老会之力，竟可使排长长跪，此尚成何军队耶！"乃严核哥老会组织及其首领姓名。乃知官兵入会者，已占全军百分之九十五。其总公口为"聚集同"，分仁、义、礼、智、信五堂，归川人刘辉武、甘敬臣等总其成，即彼中正龙头也。本营军需张子青副之，其重要首领共十三人。其时甘、张等六人驻德摩，余七人驻波密。长裿乃遣马弁持密札往德摩，令管带保林执甘、张等六人杀之。驻波密首领七人，则密令春林五日后捕杀之。此十月二十七日事也。

革命之先声·波密驻军之哗变

既而武昌起义消息由《太晤士报》传至拉萨。钦署洋文翻译某，乃长褃所推荐者，急由驿传快马密缄告长褃。长褃惶急，急召余至春多寺，引至内室，出示拉萨密缄，谓余曰："大局已生剧变，三数日后消息传遍全藏，军队恐生动摇，奈何？"余踌躇久之，乃言曰："塞外吏士，原非孝子逊孙，公所知也。此信传出，兵心必变。彼等皆川人，哥老会势力之大，亦公所知也。不如委而去之，径出昌都，以观其变。"长褃默然，约余出大厅中餐。因密言："兹事决难成功，吾辈皆有官守，何可轻易言去。纵军队有变，传〔傅〕大臣²必进兵镇压，决不听若辈横行。不如暂至江达，再决进退。"余因武昌情势不甚明晰，不敢如何主张，唯唯而已。长褃嘱余迅返卡拖，密为准备，俟约陈统带来此商定再告。余遂匆匆而返。

是夜，即见士兵窃窃偶语，似已知拉萨消息。时新兵队驻彭褚，相距四十里，乃星夜调其回。司书杨兴武，永顺王村人，年四十余，颇谨厚。余以实告之，嘱为刺探川人行动。兴武曰："事已至此，不敢诳公。我队亦早有组织，归我掌事，团结甚坚，请勿虑。"余闻之，甚慰。次日午刻，炮队队官湛某，亦四川驻防旗人也，忽被士兵杀之。继而官长被杀戮、被殴辱、被驱逐者踵相接。盖今晨已得拉萨密信，各部纷纷扰动。兴武多方接洽，幸余素得兵心，数月战役，甘苦与共。又有新兵队多湘西子弟，故军队虽变，犹莫敢余侮也。

参赞狐裘不可保

次日晨起，长褂尚无函来。甫传餐，则报罗参赞至矣。余下楼迎入，则只身狼狈不堪。见余，泪潸潸下，无一语。余甚讶之。后一护兵，为长褂携一狐裘至。兵士某即前夺之曰："我辈寒甚，参赞无需此矣。"长褂入室，余见其身着毡子风衣，内止一袷服。问之，为述："昨夜二更时，兵变围喇嘛寺。我幸事先得信，不及披衣，即只身逃出。瞑〔暝〕行十余里，始来一护兵扶我。行数里，在路旁番人家，得牡马一匹，乘之至此。"言讫，泣下不止。余急取衣请更之。忽报陈统带来，延之入，状尤狼狈。见长褂，叹曰："参赞不肯出昌都，今如何矣？"相对咨嗟而已。

未几，春多寺之兵纷至，见新兵队戒备甚严，休息半小时，即前进，本营亦有二百余人随之去。盖此时各以字号相号召，非复从前建制矣。余原有前、左、右、后四队，所存者止八十余人，皆对余爱戴极深者。

是夜，陈庆仍力主出昌都。余曰："军队驻春多时，大局未变，出昌都甚易。今番人知我军已变，再由春多出昌都，害莫大焉。"长褂曰："玉鋬言是矣。"遂商明日即回德摩，迟恐波番有变，则难出险矣。长褂曰："吾惩办哥老会首密札，已落兵士手，恐至德摩，川人不能容。闻德摩山有小道通拉里，吾至德摩山，即从此道出川边，亦甚易也。"余正虑大军在德摩集合，长袴去不利，如能取道小路，出昌都，则大佳，遂力赞其说。

陈庆独还昌都

次日出发，行两日，至汤买。入夜，陈庆犹未至，有知之者曰："陈统带今晨黎明时，率十余骑回向硕板多去矣。"盖其主张出昌都最力，此行如能安全到达，固善，但虑其从兵不多，途中遇险耳。后陈庆竟安全到昌都，又由昌都而川，而皖。陈庆，安徽人也。民四洪宪之役，复在张敬尧部任营长，驻长沙甚久，闻余在湘西，曾一度通讯焉。前年，有友人自北平来，偶问及陈庆事。友人曰："陈自洪宪失败北旋。未几，任袁项城陵墓守护队。后因袁墓被掘，陈竟被戮。"未知确否。

不忘麦饭豆粥

晨早，由汤买出发。候长袴，久未至，余亲往催之。长袴密语曰："余随大队行，使人刺目，吾将后子一日行。吾声言已同陈统带出昌都，子若为弗知也者。吾自有出险之法。"因顿足叹曰："悔不听吾子与陈统带之言，早出硕板多，即无此厄矣。"长叹者再。余至是亦不敢强之行，乃以所余大米一袋，留供长裥。余则自食糌粑。亦造次颠沛之中，不敢忘麦饭豆粥也。又由其亲信同乡周逊，为选兵士一班随之。余遂告辞启行。

回军德摩·张子青掉头自去

郁郁行六日，至德摩。西原迎余于德摩山下，言笑如常。余抚今思昔，悲怅欲泣。西原惊而问之曰："君得勿有恙耶，何若是不豫然？"余乃强颜为笑以解之。抵德摩，仍下榻于第巴家中。时军队解体，哥匪横恣，三五成群，在余室内，亦明目张胆对识叙礼，其首领，即贱如夫役，亦庞然自大。众起立，余亦起立。众敬礼，余亦敬礼。号令无所施，权谋无所用，听其叫嚣，天日为暗。

时甘、张等先两日已赴拉萨，将谋大举。张子青，贵州印江人，性机警，有才辩，壮游川、滇，结识哥老会，众咸推重焉。复随余入藏，由护目而司书，而军需。平时对余甚殷勤，故余待之亦甚厚。波密之役，留其在德摩，掌粮秣输运事。时伤兵皆送德摩疗治，子青请优待之，余慨然许其便宜处理。德摩为工布至波密通衢，凡官长兵夫过往者，子青遍交欢之，挥金如土，供应极丰。于是藏军识与不识，皆慕其名，士兵尤倾向之。遂一跃而为哥老会中之副首领焉。波密兵变后，子青竟不顾余而去。及余民二回家再治乡兵，子青又来依附。余不咎既往，任以指挥，畀以重权。乃矜骄性成，卒为部下田义卿刺杀于辰阳。惜哉！

罗长裿之惨死·豹虎不可为伍·退兵江达

时大军麇集德摩未动，余颇疑之，密询兴武，亦不知何意。但闻拉萨来人甚多，不时秘密会议，内容无从刺探。终日乱兵呼朋引类而至，余虽深恶痛恨之，亦无可如何也。乃偕西原去其家以避之。甫出门，即见兴武疾驰而来。问其故，则请入室谈。因密告曰："参赞已被义号赵本立、陈英等勒死于山下喇嘛寺矣。"余惊惧不知所为。兴武曰："公宜戒备。"我即将队伍密为部署，以防意外，乃匆匆下楼去。西原问故。余曰："此非汝所知也。"因促其先回："余事毕即来。"

移时，陈英偕兵士数人汹汹至，入门即大言曰："罗长裿阻挠革命，已杀之矣。"余一时不能答。坐移时，始从容答言曰："近闻番人颇动摇，此耗传出，恐于我军不利。"陈英曰："我等与长裿同命，彼不死，我等首领不能保。公勿虑。"余默然。又移时，士兵来益众，一兵士向陈英曰："事毕矣。明日可请管带一同至拉萨。"陈英复向余曰："江达某某等有信来，革命事，众推公出而领导，请明日即行。"余唯唯应之而已。时西原已遣人来催，余即乘机出。

至西原家，倚垫而卧。默念参赞可杀，余日与豹虎为伍，能幸免乎，不觉泪下。西原问不已，余始为言之。西原大惊曰："似此将奈何？"余曰："明日到江达，再看情形。"西原大哭，留余勿行。余曰："军队已变，无可收拾。达赖虎视境上，必乘机而入。汉番仇恨已深，后患犹堪问乎？覆巢之下无完卵，留此，不独我不能存，即汝亦不可保。幸彼辈虽横，对我犹善。是前进犹可望生，留此终必一死。汝必同我去，勿以家人为念。万一藏事可为，吾虽去，不久仍回工布也。"言次，西原哭不已。其母至，又牵衣大哭，母亦哭。余亦哽咽不能成声矣。乃百计安慰之，始止。

未几，兴武寻余至，为言："彼等明日开拔，标部周书记官、二营胡督队官等，均在江达，主张革命，驱逐联豫、钟颖，组织军政府，推公出而主持。细探此间众意，亦多赞同。因协部有人在此，不便明言。公明日能否同去？"余叹曰："此事谈何容易，但我不去，安所归耶？明日仍同至江达面议，子宜密探彼辈意志如何，第求免祸，勿问其他。"兴武又曰："参赞尸身，已火化包裹，周逊愿负之行。"余极嘉之。移时，进面食。食已，即偕西原回，而坐客已满。余亦强颜为笑，竭力应付之，至二更后始散。

西原痛哭别母

次日黎明起，西原母即来送行，因出珊瑚山一座为赠。

高约八寸许，玲珑可爱。谓余曰："西原随本布（番人称官名）远行，谨以此不腆之物，永留纪念。"因顾西原言曰："汝若随本布出川，则天涯地角，相见无日，汝其谨护此物，异日见此物，如见吾面也。"言讫，声泪俱下，西原亦泣不可抑。余一再慰之曰："此行但赴拉萨，相见有日也。"第巴及各喇嘛均来送行，余一一周旋已，即作辞起身。时部队均已出发，仅新兵队随余而行。

黯然销魂之离别·范玉昆留恋忘返

自德摩行两日，至脚木宗宿焉。喇嘛寺呼图克图，及加瓜营官彭错夫妇，均来此送行，聚谈至初更始回。次日晨早出发，呼图克图感余德惠，执手依依，不忍离别。彭错与余尤契好，见余远去，皇皇如有所失，敬献酒呛，情致殷拳。余虽不能饮，亦勉尽三杯。彭错率其夫人双拜马前，泣曰："彭错老矣，无能为役。本布此去，重会何年？"泣不已。复执西原手泣曰："汝其善事本布。"赠藏佛、捻珠各一。余与西原亦含泪而别。后闻达赖返拉萨，按治交欢汉官者皆杀之，彭错夫妇竟寸磔而死，亦惨矣哉！

是日宿甑巴，范玉昆住此。玉昆娶甑巴番女，生一子，甫百日。余约其同行，玉昆因怜爱幼子，恐不胜塞外风寒，迟疑不决。余劝之曰："雪地冰天，携幼子远征绝塞，谁复堪此。但恐大军一去，藏番皆敌人，子身且不能保，又能保全幼子耶？"筹商半夜，不能决。翌晨出发，余再催之，玉昆曰："公先行。公在江达必有数日勾留，我即携眷同来。"遂怅惘而别。

余驻江达三日，玉昆犹未至。两函促之，初犹复函，支吾其词。后一函，则杳如黄鹤矣。玉昆，贵阳人，家寒微，有老母妻室，一子年十四岁。玉昆初以府经历分发成都，适我军入藏，玉昆乃慨然从军，为营部书记，亦欲资此为终南捷径也。与余交甚笃，因年老惮行役，每遇战事，皆留其在后，余则亲治军书焉。后子青由藏归，询玉昆踪迹。云自余去后两月，即为番人所杀。所娶番女及幼子，同时遇害。余年来与黔人往还甚密，每从问玉昆家属，有云其子曾毕业云南测绘学校，后亦不知所往。悲哉！良朋不可见，其遗孤亦不可知矣，不禁凄绝。

兵变后之纷扰·决计退出昌都

余抵江达时，各部尚未开动，终日纷扰不堪。时拉萨来人甚多，密探渠辈意志，有主张革命者，皆官长职员及少数部队；有拥护钟颖者，皆哥老会之流。其时联豫方由川领回军饷三十万，钟颖挟其撤职之恨，嗾使士兵拦劫于乌斯江，即拥此巨资，号召哥老会人，且劫钦署，幽联豫。子青入藏又久，无只字见告，余尤愤甚。虽革命派拥余甚力，然势力远不及哥老会之盛。况钟已劫联，而以哥老会相号召，余又有革命之嫌，去则徒滋扰乱，予藏人以可乘之隙，有百害而无一利。乃决心出昌都，但秘密准备，不使川人知之。

一笑释怨

余初抵江达之日，江达理事官石敏斋设宴为余洗尘，意极殷勤。席间向余长跪请罪。余愕然，不解其意，疾扶之起。乃自述前过，亦文字之误，非有意中伤。余始忆及前在工布清剿时，文牍往复，石恒掣肘，且于联帅处多所指摘。查抄厦札一案，石竟谓余受贿少报。余愤极，曾向其科员痛骂之。乃当前一语，事后辄忘。今石见藏局糜烂，余拥兵至，恐余未能释憾，故恐怖若此。余乃温语慰之曰："前者之事，兄惑于人言，若以我为不可友也，而弃之。今吾释怨言好，相见以心。兄其许我为友矣。"遂一笑而罢。

改道出青海·充分准备出藏

余驻江达三日，见大势已去，无法挽救，乃决计回川。因约叶孟林君至郊外，班荆而坐，密询前进状况。孟林曰："昨晚赵帅来札，以藏军叛变，已派兵三营来此防堵。公若出昌都，则误会滋大，宜熟筹之。"余亦颇以为虑。然进既不可，退又不能。再四磋商，惟有走青海出甘肃一路较为安全。但此路孟林亦不甚悉。闻有三路可至甘肃。其东西两路，沿边境行，人户不少，但道路纡远，须行三四月方到。惟中路一带，平原沙漠，杳无人迹，青藏商人，恒往来于此。计程六十马站，行四十日到柴达木，即有人户，有蒙古堡。由此经青海入甘肃境，不过十余日，沿途人烟更多。

余乃归，与兴武密商。兴武力主出青海。因言我军由波密出发，一人一骑，随军驮牛尚有百余头，兼程而进，月余即到柴达木，不宜迂道费时。余因边军将至，进退皆不可，遂决定遵此道而行。密嘱兴武清查人员粮秣，迅速准备，明日即行。

入夜，兴武来见，密报湘西籍及滇、黔籍兵士共一百一十五人。其余川人，可临时遣回拉萨。牛马皆齐备，仅糌粑止余四十余驮，以六十日计算，欠缺尚多，今晚恐筹办不及矣。余计算粮食勉足一月，此去哈喇乌苏，沿途皆可增购，殊不足虑，乃决定明日诘早即行。令兴武密将此意告知随行士兵，严守秘密。

注释

1　传堂，哥老会惩罚一般违规的仪式，专开香堂按江湖规矩制裁。
2　即傅华封，时任川滇边务大臣。

第八章　入青海

川人叩马相留

次日黎明前即起，整队出发。甫过桥，川人始有知之者，群集桥边叩马相留。余反复陈述不能留藏之苦衷，众犹强留不已。余即告辞，匆匆而去，盖恐久留生变也。沿途景物不殊，而今昔异势。回忆波密之役，我死亡将士遗骸未收，魂羁异域。孰无父母，孰无妻子。读古人"可怜无定河边骨，犹是春闺梦里人"之句，不禁恻〔恻〕然心痛，泪潸潸下也。

是日宿凝多。清查人员，共官兵一百一十一人，皆一人一骑。余乘枣骝马，西原乘黑骡。随余左右者，仅马夫张敏，亦汉父蛮母所生，藏人称为"采革娃"是也。蛮娃一，已杀波番招降营官贡噪之子。皆各乘一马。共一百一十五人。又驮牛一百二十余头，分驮粮食行李。

多财贾祸·黄雀螳螂同尽

余入藏两年，薪俸所入，积有藏币（二分三钱）六千余元，皆分给士兵携之，亦虑多财贾祸也。有麝香一百七十两，满装一背囊，令护兵刘金声负之随行。金声，成都人，年十七岁，在川即相随，又不愿入藏，故可信其无他也。殆余出江达之初日，宿凝多，竟未至，亦不知其何时窃负而逃矣。后子青回家，言此一物也，初为乌拉番人所知，追金声，杀而取之。黑夜过江达，为士兵管带谢营兵士所知，又截杀取之。

后又为谢管带所知，派兵一排追及，夺回，杀十余人。最后谢兵败，复落藏人之手。藏人因争夺此物，互相杀戮，至数十人之多。黄雀螳螂，同归于尽，亦可慨矣。

哈喇乌苏河

由凝多改道北进，沿途居民甚多，牛毛帐房相望于道。每帐房，牛羊数百成群。小山起伏，道路平夷，接近沙漠。时大雪纷飞，寒冷特甚，幸官兵皆乘马，日行七八十里，尚不觉苦耳。兴武以哥老会之力，颇能约束兵士，途中秋毫无犯，所至尚能相安。每宿营一地，即召地方耆老，询问青海道路。金以此路往来人少，多不熟习，仅能知其概略，与孟林所言相同。行七日，即至哈喇乌苏。

哈喇乌苏有河流，导源于卫藏布喀、集达、喀噶诸池，东流会索克河 [1]。番人呼黑为哈，呼山为喇或腊，呼河为乌苏。布喀诸池，水皆黑，又多流沙。其《禹贡》"流沙黑水"欤？二流来会，群山鼎峙，故以义名其水，即以水名其地。旧为达赖食采地，设有营官治理之。赋税所入，悉归私囊，而唐古忒政府不能过问。其地北为黑番，南为三十九族。西藏宫城，至此为止。青藏游牧，过此则然，盖蒙古、青海、新疆、关陇入藏之总会也。

番兵阵势之森严

余将抵哈喇乌苏时，遥见大平原中，有人户六七百家，市井殷系，俨然一巨镇也。又有大喇嘛寺一所，华丽庄严。余窃喜此地人户繁盛，可以休息补充，再赋长征。迨行渐近，见有番兵数百人，持刀枪夹道而立，阵势森严。余甚异之，乃停止队伍，遣舌人前往探询，并告知来意。良久，偕一喇嘛至，挥令我军速去，不许停留。时日色西沉，又无篷帐，计无复之，力白假道之意，往复磋商至再，方许一宿即行，指小屋三间栖止之。番兵愈来愈众，四面围绕，禁止出入。复与磋商，乃许夫役四人出外取汲。然牛马饥不得食，聊以糌粑饲之。又出重价购糌粑一百包。彻夜戒备。

番骑踵追不已·为自卫而战·番骑狼狈奔逃

天明，知不可留，乃收拾起程。幸昨夜取水兵士，觅得一年老喇嘛为向导，遂携之行。行约十余里，忽见番骑千余人，张两翼踵至。余行则行，余止则止。众愤甚，请战。余止之曰："既已通过，何必轻启衅端，妨我行进也。"又行十余里，番骑踵行如故。余乃择地停止，番骑亦停止。因聚众谋之曰："番人果有异图，昨夜何以不发？今我既前进，何以又复踵追？然番人狡诈难测，意者，我军猝至，调兵未齐，且惧我械利，故隐忍未发耳。今晨大兵毕集，始悉众来追。但相随二十余里，又未逼近者，是必别有企图，欲乘夜袭我。我不及时击破之，一入黑夜，四面包围，则吾侪无噍类矣。"遂决计先发以制之。

余乃分部队为三队，兴武率一队攻其前，余自率一队攻其左，余一队守护行李辎重，兼为援应。时右侧大平原中，帐房甚多，番骑皆下马，入帐房中休息。兴武直前攻入。番众出，倚矮墙迎战。我军且战且进，逼近墙边，番众仍顽强抵抗。余乃绕出番兵左侧猛攻之。番众不支，始上马奔逃。我两路猛追，乱枪扫射，番人纷纷落马死。追逐三里许，番骑去远。不敢深追，始收队回。番兵死伤三百余人，我军均无伤亡。搜索帐房，已空无一人，惟余粮食甚多。余急驱驮牛至，尽量捆载。整旅急行，不敢久留。

磨牛重践五十年

行四十余里，天将暮，至一地，帐幕零落十余处，有小喇嘛寺一所，遂止宿焉。晤一老喇嘛，与之语，甚谨厚。余因叩以番人见拒之意。喇嘛曰："是必以君等为拉萨叛兵也。活佛前过哈喇乌苏时[2]，曾封存宝物甚多，恐君等劫之，故调兵严防耳。"余曰："彼果防我，则我既去，又何必踵追至数十里，恐意犹不止此也。"喇嘛笑曰："是或有之。彼等见君等畏惧而去，或更得寸进尺，欲乘夜相图，亦未可知也。"又询前进道路。喇嘛曰："此去行三日，即入酱通沙漠，无人烟矣。"余复问:"闻此去月余,即达甘肃,信否?"喇嘛曰:"此路行人甚少,但闻程途甚远,非一月可能到达。"余颇讶之。归而细询向导喇嘛。喇嘛曰:"我九岁入甘肃塔尔寺 [3] 披剃,十八岁随商人入西藏。今磨牛 [4] 重践,已五十年矣。前途茫茫,不能细忆。犹记曩随商人行,两月余方到哈喇乌苏。然尔时正值初夏,气候温和,旅行尚易。今则天寒地冻,行期恐难预定矣。"余闻之,爽然如失。但既已至此,又幸官兵乘马行,较步行为速,至多亦不出两月,定可到达。复令兴武清算粮食,每人尚有糌粑一百三十斤,可供九十日之食,遂安心前进。从此行三日,均无人烟。仅第二日途次,见右侧山沟中,有帐房三四处。其余一带黄沙,四顾荒寂而已。

鸠居鹊巢

第三日,至一处,天已不早。见山谷中有帐房十余处,因向其借住,坚拒不纳。士兵强入,不可,竟持刀扑杀。士兵大怒,毙其一,余始逃去。余闻枪声,止之无及矣。因戒士兵后勿复尔,恐激怒番人,祸不浅矣。于是鸠居鹊巢,聊避风雪。

入酱通大沙漠

翌晨出发,喇嘛曰:"从此入酱通大沙漠矣。"弥望黄沙猎猎，风雪扑面，四野荒凉，草木不生。时见沙丘高一二丈，近在前面，倏而风起，卷沙腾空，隐约不可见。逾十余分钟，则空际尘沙，盘旋下降，又成小山。余等初颇惊骇。喇嘛曰："旋风甚缓，马行迅捷，可以趋避也。"沿途无水，取雪饮濯，马龁枯草，人卧沙场，风餐露宿，朝行暮止，南北不分，东西莫辨，惟喇嘛马首是瞻而已。行十余日，大雪纷降，平地雪深尺许矣。牛马饥疲难行，士兵恒以糌粑饲之。清查驮粮，原可支持三月，今已消耗过半。因力戒士兵勿再以糌粑饲牛马，终不可止。

超群之龙驹

余所购彝贡枣骝马，自卡拖出发，即乘之行。经过树枝、央噶、京中三大山，他马则行行复止，鞭策不前，惟此马健行异常，每勒之稍息，亦不可，余始异之。及由江达出青海，余仍乘此马，西原则乘余之大黑骡。入酱通大沙漠后，无水草，众马皆疲惫，每登一小山，亦须下马牵之行。独此马登山时，昂首疾行，不可勒止。众咸异之，乃知波番称为龙驹，确非虚语也。

千百成群之野牛·孤行之牛可畏

一日途次，见沙碛中尘沙蔽天，远远而至。众颇骇然，停止不敢进。有顷，行渐近，隐若有物，长驱而来。喇嘛曰："此野牛也，千百成群，游行大漠。大者重至八百余斤，小者亦三四百斤。每群有一牛前导，众随之行。此牛东，群亦东。此牛西，群亦西。遇悬崖，此牛坠，群牛尽坠，无反顾，无乱群。大漠中野牛甚多，再进则日有所见矣。但性驯善，不伤人，见者无害。惟遇孤行之牛，性凶猛，宜远避之。"众曰："若遇孤行之牛，我有利枪，何畏焉！"喇嘛曰："牛革厚而坚韧，除两肋及腹部外，恐非君等枪弹所能洞穿也。"言次，群牛横余等奔驰而过，相距仅二里许。行十余分钟始尽，视之不觉悚然。

马入骡群

入酱通大沙漠后，终日狂风怒号，冰雪益盛。士兵多沾寒成疾，或足冻肿裂。因粮食日少，相戒不许再以粮食饲牛马。每宿营时，牛马皆纵之郊外，以毛绳拴其后，两足相距六七寸，听其跋行龁草，防远逸也。一日晨起收马，则余枣骝马竟不知何往矣。一望平沙无垠，踪迹杳然。士兵侦寻甚远，皆无所见，曷胜叹息。西原乃以所乘黑骡给余乘之，自乘一劣马以行。经六七日后，途遇野骡数百成群，余枣骝马亦在焉，余见而大喜。野骡见人不避，且行且前，或亦疑为其同类也。兵士连发数十枪，毙野骡五。余枣骝马遂随群骡奔逃，顷刻即杳。马入骒群，优游自在，诚得其所。余则孤凄一人，踽踽独行，诚马之不若矣。怅望久之，神为之伤。

喇嘛歧路兴嗟·想象中之冈天削 [5]

余等初入酱通大沙漠，喇嘛犹能隐约指示道路。有时风沙迷道，则望日，向西北行。既而冰雪益大，天益晦冥，遂不辨东西南北矣。士兵不时呵责喇嘛，余屡戒之，恐喇嘛一去，更无处问津。然每至迷途处，部队停止以待，喇嘛登高，眺

牧区黑帐篷内一瞥

望良久，始导之行。行不远，道路复迷。初向东行者，旋又转而向北。喇嘛亦歧路兴嗟，无可如何。于是士兵益怒，呵责之不已，竟以枪击之，或饱以老拳，余亦无法制止矣。

一日宿营后，余从容问喇嘛曰："平沙漠漠，何处是道？子既经过此地，必有山水可为标识者，子其细忆之。"喇嘛沉思良久，曰："由此过通天河，再行数日，即有孤山突起于平原中，地名'冈天削'。我曾在此休息二日。山高不过十余丈，有小河绕其前。又有杂树甚多。沿河行八九日，渐有蒙可罗（番人毛毡帐幕）[6]。再行十余日，即至西宁。沿途蒙可罗更多。"余乃多方安慰喇嘛，又复婉言劝戒士兵。

粮尽杀马焚装·雪地之睡眠

次日，仍随喇嘛前进。复行甚久，前路仍复渺茫，粮食已罄尽矣。日猎野骡野牛，或宰杀驮牛以为食。然大雪时降，沙为雪掩，野兽皆避入山谷中矣。众议休息一日，共商后事。商之至再，令兴武清查人员牛马，计士兵死亡外，尚有七十三人。牛马不时宰杀，及夜间逸失，止余牛马各五十余头。日需三头，止可供半月之粮。众以粮食告匮，惟宰杀牛马代之。凡行李非随身所需，则并焚之。于是尽聚行李于一处焚之。余与西原，仅留搭袋一，薄被一，皮褥一。西原将其母所赠珊瑚什袭[7]珍藏，自负以行。于是左负搭袋，右负薄被，腰系连枪。余则负皮褥，佩短刀而已。从此昼行雪地，夜卧雪中。又无水洗濯，囚首垢面，无复人形矣。每夜寝时，先合衣偃卧地上，以左肘紧压衣缘，再转身仰卧。蒙首衣中，一任雪溅风吹。次晨早起，雪罩周身，厚恒数寸。亦先转身偃伏，猛伸而起，使衣上之雪尽落，以免沾着皮肤，致起肿裂。幸沙漠中积雪虽深，然雪一去，则地上枯草如毡，且极干燥。

生肉无盐也可食

粮食将罄，食盐亦已断绝。淡食既久，亦渐安之。缘大沙漠中，几无日无冰雪。寒冷既甚，凡野肉割下，经十分钟，即结冰成块矣，质细脆，以刀削之，如去浮木。久之淡食，亦甘不思盐食矣，非如内地生肉腥血淋漓也。

分组四出觅食·火种渐绝·发火之不易

自焚装杀马后，道路迷离，终日冥行。无里程，无地名，无山川风物可纪。但满天黄沙，遍地冰雪而已。每日午后三时，即止宿焉。分士兵为六组，以一组敲冰溶水，一组拾牛马粪供燃料，一组寻石架灶，一组平雪地〈供〉寝卧，一组猎野兽为食，一组发火。盖大漠中雪含尘沙，不可用，须敲冰溶化为水。冰坚厚一二尺，取之甚难。每组七八人，敲甚久，始得一二袋回。则满盛罗锅中，用干粪烧溶，化为冷水饮之。

燃料纯恃干粪，幸所在皆是，为雪掩盖，掘雪尺许，即得之。每日约须十余袋。沙地无石，又非石不能架灶，须傍山边觅之。得拳石六七块，费时甚久。遍地雪深尺许，先揉雪成小团，多人辗转推移之，愈裹愈大，往复数四，则雪尽而平地见矣。颇干燥，人即栖宿其上。野牛数十成群者甚多，射杀之甚易。野骡尤驯善易得。有一日得数头者，有间一获者。众既恃以为养命之资，故一宿营即派多人出猎，以供餐食。此组人员，均选体力强健，枪法娴熟者，擎枪佩刀而往。

初入大漠时，均携有火柴。因沿途消耗甚多，及粮尽杀牛马时，火柴仅存二十余枝矣。众大惧，交余妥为保存之。每发火时，先取干骡粪，搓揉成细末。再撕贴身衣上之布，卷成小条。八九人顺风向，排列成两行而立，相去一二尺，头相交，衣相接，不使透风。一人居中，兢兢焉括火柴，燃布条。然后开其当风一面，使微风吹入，以助火势。布条着火后，置地上，覆以骡粪细末。须臾，火燃烟起，人渐离开。风愈大，火愈炽。急堆砌牛粪，高至三四尺，火遂大燃，不可向迩矣。于是众乃围火坐，煮冰以代茶，燔肉以为食。食已，火渐尽，以其余灰布满地上。俟热度已减，众即寝卧其上。既能去湿，又可取暖也。

对僵尸一叹

行雪地久,士兵沾寒肿足,不能行,日有死亡。初犹掘土掩埋,率众致祭,继则疾病日多,死亡日众。死者已矣,生者亦不自保。每见僵尸道旁,惟有相对一叹而已。

士兵死亡日众

余等由江达出发时,皆着短袄,裘帽,大皮衫,足穿蛮项,内着毛袜。行沙漠久,蛮项破烂,则以毛毡裹足而行。行之久,毛毡又复破烂。于是皮肉一沾冰雪,初则肿痛,继则溃烂,遂一步不能行。牛马杀以供粮,无可代步。途中无医药,众各寻路逃命,无法携之俱行,则视其僵卧地上,辗转呻吟而死,亦无可如何矣。余过雪沟时,稍不慎,右足亦沾雪肿矣。西原恒以牛油烘热熨之,数日后,竟完好如初。计焚装杀马后,又病死十三人,足痛死者十五人。轻病随军跛行者,尚有六七人。

通天河之界碑

又行数日,至一处,日已暮。忽见大河。喇嘛曰:"此通天河也。"时已腊月三十日,众大喜,以为此去冈天削不远矣。共议明日为元旦,在此休息一日,杀马为食,兼猎野兽,遂就河岸止宿。次晨早起,见河宽二十余丈,无竹木可结舟筏，无桥梁可为津渡。幸时已岁暮，河水结冰，乃踏冰过河。岸旁立有界碑，高约三尺，宽尺许，上刊"驻藏办事大臣、青海办事大臣划界处"。喇嘛曰："大漠无石可采，此石乃取自江达，用两牛运负而来，费金数百。过哈喇乌苏时，我曾亲身见之。"

注释

1　据魏源《皇朝经世文编》，怒江，上源曰喀喇乌苏河，出前藏城北之布喀池，西北流，为额尔吉根池，又东北为集达池，又东南为喀喇池，又东南纳裕克河，北纳绰诺河；又东北，沙克河自青海东流来会；又东，索克河亦自青海东南流来会。又任乃强《西康图经》，索克河，即索曲。索曲为怒江支流，在西藏自治区东北部，由索县向西南流经巴青、宁巴等地，至比如县注入怒江。

2　即前述英军进攻拉萨，十三世达赖出逃，路经此地。

3　甘肃塔尔寺，今为青海省塔尔寺，位于青海省西宁市湟中区城区。塔尔寺建于明洪武年间，是西北地区藏传佛教的活动中心，也是藏传佛教格鲁派六大寺院之一。

4　磨牛，原意为转磨之牛，比喻愚鲁。

5　冈天削，即巴颜喀喇山脉中昆仑山口。

6　蒙可罗，即蒙古包。青藏高原的藏族居住在黑帐篷之中。黑帐篷以黑牦牛毛织成的厚布拼接而成，故而得名。蒙古族居住的帐幕则支木架，而包以毡，圆而尖顶，特称蒙古包。青海西北境，皆蒙古族，住蒙古包，故喇嘛以蒙古包为标识，显示队伍进入青海。

7 什袭，重重包裹，郑重收藏之意。

第九章　过通天河

分组探路·向导喇嘛又失踪

通天河，一名木鲁乌斯河，为扬子江上游，导源于巴颜喀喇山，素称青海要津。今则一片黄沙，渺无人迹。是日，复询喇嘛："此去冈天削，尚需几日？"喇嘛初言，止须十日，复又言需时半月。众以其语言矛盾，责之。喇嘛默然。兴武曰："此去冈天削，料亦不远，但牛已杀尽，马亦止能供数日之食。疾病又多，徒步蹒跚，再入歧路，即无生理矣。不如先选强健者数人前进侦查，余皆留此出猎，多储野肉，以为行粮，不犹愈乎。"众咸韪之。乃决定兴武选十人前发，余留后以待。约十日为期，即行回报。议定，是夜兴武以糌粑一杯馈余，重约二两。余即煮水二锅，邀众分饮之，借以度岁。呼喇嘛久不至，初不疑其有他也。次晨，兴武等出发，再寻喇嘛不知所在，始知昨夜已亡去矣。极目平原，绝难远窜。意者，畏士兵之暴虐，乘夜逃走。荒郊多狼，喇嘛年老独行，定果群狼之腹矣。为之感叹者再。余等既处绝地，复失导师，惟有静待兴武佳音之至而已。

西原之勇健·烘肉可为行粮·西原泣不肯食

到通天河时，死亡又约十余人。兴武既去，所余仅三十余人，乃逐日分班，派出行猎。西原强欲随行，冀有所获，以延残喘，余亦听之。至晚，抄手而回，一无所得。西原曰："连日大雪，野兽定匿谷中，我明日再往，必有所获。"余急止之曰：
"可以休矣，士兵分途而出，如有所获，我可分食，何苦冒
险如是。"西原泣曰："士兵所分几许，命在旦夕，尚何所惧。
君如肯行，明日偕往如何？"余见其意甚坚，乃许之。次晨，
士兵犹未起，西原即呼余同出。斜行约二里，入山谷。西原
行甚速，闻砉然一声，余前视之，竟毙一野骡。西原方取刀
割其腿上肉。余止之曰："割肉几何，不如取其两腿曳之归。"
西原极称是，乃截其两腿，以带系之，牵曳回。中途来士兵
数人，令急往山谷取其余肉，免为狼噬。

　　既归，西原已汗淋淋下矣。嘱余小心看守，复匆匆去，
负牛粪一包至。操刀割肉，为多数方块，以通条[1]穿之，燃
火烘熟。谓余曰："有如许干肉，可供十日食矣。"是日，士
兵亦获野骡、野羊、山兔甚多，皆仿西原法烘干之。

　　次日，复降大雪。士兵连日出猎，皆无获。从此雪益大，
深二尺许。所存野肉，行将告罄，士兵日有死亡。转瞬十日
矣，兴武尚无音耗。越日，雪住，天忽开霁。余曰："前途
佳音，恐不可望。久守何益，不如前进。"众以为然。次日
复行，沿途野兽匿迹，终日无所遇。仅不少野兔，挺而走原，
费弹甚多，仅获四五头，亦杯水车薪也。断食已两日矣，饥
甚。所储干肉，仅余一小块，啖其半，分西原食之。西原坚
不肯食。强之再，则泣曰："我能耐饥，可数日不食，君不

可一日不食。且万里从君，可无我，不可无君。君而殍，我安所逃死耶？”余亦泣下，"天下可无洪，不可无公"之语，不图于蛮族女子中再见之。痛哉！士兵亦饥火中烧，惫不能行，复商休息一日。

争食死尸而斗·蛮娃将饱众腹

次日午，闻士兵喧哗声，余往观之。则士兵杨某，昨晚死于道旁。今日，众饥不可耐，乃寻其遗骸食之。殆昨晚已为狼吞噬几尽，仅余两手一足，众取回燔之，因争食，詈骂也。余闻而泣下，婉劝不止，乃诳以前方已获一野骡，何争此多少为。言未竟，果来一士兵报，射得三牛。时众皆饥饿，奄奄一息，至是精神焕发，皆跃起随之往。至则群狼方争噬，几去其半矣。众急开枪，毙一狼，并舁之归。众皆饱餐，犹有余肉，分携之，以为次日之需。众得野牛饱餐后，复前进。

又行二日，未遇野物，前日所携野肉已尽，众复恐慌。午后止宿，得野羊一，众分食之，尚难半饱。有刘某，年五十余，湖南籍，任江达军粮府书记，仓猝追随返川，后亦附余行。时冰雪凛冽日甚，士兵绝食两日，四出行猎，皆空手回。饥甚，无可为计，乃密议欲杀余随身蛮娃，以延残喘，托刘一言。余曰："杀一人以救众人，我何恤焉。特蛮娃肉尽骨立，烹之难分一杯羹，徒伤同伴，奚益于死。"乃止。

入夜，众复乘月色，擎枪入山行猎。深夜始归，获野羊四，野兔七，分脔生食，始稍果腹。

荒漠与众相失·孤宿沙碛遇狼

次日复行，除沿途死亡，仅存二十余人矣。复疲惫不堪。双目又为风沙所吹，多赤肿，视物不明，日行三十余里即宿焉。昨晚猎归，已夜深，故晨起甚迟。出发时，余因事令众先行，余行稍后。初犹见士兵远远前行，转过山阜，即人影依稀，又行十余里，踪迹遂杳。即张敏及蛮娃亦前进无踪，仅西原一人随余，踽踽而行。

再行七八里，天已昏暮，四顾苍茫，不能再进，遂就沟中宿焉。既而狂风怒号，无数野狼，嗥鸣甚急，时远时近。西原战栗欲泣，力请趋避。余至是，亦以必死自期。因极力慰之曰："黑夜迷离，道路不辨，将何之。恐一行动，狼见人影，群集扑噬，即死在目前矣。不如静卧沟中，狼未必即至。倘此身应饱狼腹，又岂子身所能避耶。"乃布褥地上，与西原同坐。覆以薄被。西原握连枪，余持短刀以待之，因戒西原曰："狼不进至十步，慎勿开枪。"既而风号狼嗥益急，隐约见群狼十数，嗥鸣而至，相去不过丈许，无何，又越沟去。时余与西原饥疲已极，不知何时竟同入睡乡矣。

苍茫之前路·马夫张敏·悲喜交集之重会

凌晨,西原呼余醒,天已微明。幸刀枪犹在手中。余笑曰:"险哉,此一夕也!"西原曰:"我夜梦在家中后山,为狼所逐。足折,老母负我奔。骇极而醒,亦胜似此一夕惊也。"余曰:"此疑心致梦也!"遂同起,收拾被褥。出沟,循原来道路行。但见前途苍茫无际,不知何处是道,行行复止。默念兴武一去不回,今又与众相失,独余与西原孑身行,连枪短刀之外无长物。幸而遇野兽,既非孱力所能猎取,不幸再延一日不得食,又不与众遇,亦僵卧荒漠,有死而已。西原知余意,亦长叹曰:"从此愈行愈远,茫茫前路,吾侪无葬身所矣。"余曰:"昨日众行未远,不难寻获,汝勿忧。"言次,忽见道旁有子弹一枚,已沾泥沙,似久遗之物,因拾告西原曰:"杨兴武必从此道行,否则无此物也。"西原亦喜。

复前行里许,西原时时回顾,若不忍去,忽大呼曰:"后面有人来矣!"余回视之,因目盹,无所见。伫视久之,果见一人,缓步来,渐行渐近,乃马夫张敏也。余不禁狂喜。张敏提一布袋,见余,大哭曰:"我等中途遇骒百余头,驱入山沟。久候公不至,众数派人出寻,均未见。我今晨黎明前,即来寻公。"言已,咽哽不成声。手探布袋,出熟肉一块,重约二三斤,云:"公速食此,即便同回。"问:"众在何处?"张敏遥指左翼山沟中,微烟起处,曰:"即此是矣。"余细观之,相去不过三里而已。余正饥苦，得肉，即与西原分食之，立尽。乃偕其同归。至则众方切肉炒食，见余至，悲喜交集。余见地上陈野肉甚多，询知昨日得野骡七头，足供十日之粮。乃与众会商："如许骡肉，既难负之以行，不如尽一日休息，烘成干肉，则一人可负数日之食。仍沿途行猎，如能日有所获，则留此以备不时之需，更佳矣。"众皆以为然，遂四出搬取牛粪，烘骡肉以为行粮。次日，休息一日。晚间清查，每人约有干肉十斤，遂决定明日续行前进。一夜安息。翌日，诘早出发。饱食之后，复得休息，众皆精神复振，不似前此之颓丧矣。

灵山飘渺不可见

冥行七八日，干肉将尽，又不遇一兽，于是众又大起恐慌。因忆喇嘛言，过通天河，行十余日，即至冈天削。遂日日悬诸念中。见一小阜，以为至矣，近视则非；见一小山，以为至矣，近之又非。日复一日，望眼为穿。在内地几无处无山阜，一入大漠，求一山一阜，亦渺如蓬莱三岛、印度灵山，可想象而不可企及矣。伤哉！

火柴只存一枚·西原之壮语

又行两日，忽见一山，高十余丈，形如掌，下有清泉，傍山而流。水边小树丛生，高仅尺许，细叶粗干，蒙茸可爱。

番人称为油滓子，可取为薪。谛视良久，又非喇嘛所言冈天削也，颇失望。犹幸此地既有山水，则去冈天削当亦不远矣，众即就此止宿焉。余等自入酱通大沙漠后，一片黄沙，万年白雪，天寒地冻，风怒狼嗥，至此则有山有水，别似洞天，依山为蔽，可以栖息。乃伐薪取暖，猎兽疗饥。是时，火柴止存一枚。士兵生存者，仅十七人。乃分三组，早晚出猎。时众饥甚，望食甚殷。乃候至日中，始回一组，空如也。众皆行愁坐叹，余慰之曰："尚有二组未归，岂均一无所获耶。"少顷，余二组先后回，仅获野兔四头。众生啖之，勉充饥腹而已。

次日，众复出猎，留兵士杨正奇看守行装。正奇见余瞑坐不语，若不胜其愁者，因含泪向余言曰："长安路远，嘉峪关遥，盲人疲众，夜半深池，吾侪其殆于此矣。"余不觉凄然。西原知余意，因为壮语慰之曰："时已季春，天候渐暖，死亡虽众，我辈犹存，是天终不我绝也。况三月程途，已行五月之久。所未达者，亦一篑耳。倘能贾此余勇，奚难到达彼岸。吾人生死，有命在焉，何自馁如是！"余闻西原语，颇自感愧，岂真女子之不若耶！遂奋然而起，忽觉胸襟开朗，烦愁顿除。盖否极泰来，几已先动。虽犹未达坦途，亦自暗伏佳兆也。

庞大无伦之牛头

亭午时，众猎归，均无所获。余无奈登山眺望，冀有所见。乃饥火中烧，步履甚艰，强而后登。观望良久，忽见数里外，隐约有物屹立平原中，颇疑之。急下山，令众往寻之，皆惫极不欲往。余强之行，彳亍 [2] 至其地，则庞然久僵之野牛头也。高约五尺，大亦如之。其死也，亦不知历时几千百年。大漠奇寒，久而不腐，风吹日炙，遂自僵枯。狼牙虽利，终不能损此金刚不坏之躯壳，故巍然独存。殆将留此，以供余等穷途之大嚼也。然头笨重，摇撼不易。仓猝间又无法支解。乃竭十余人之力，推挽至山下，堆积柴薪燔之，且频频浇水。经三小时，唇皮离骨寸许，他处仍不可拔。又以数人更番敲剥，得八九块，巨如掌。以大火煨之，经两昼夜，始稍柔软，可施刀斧。皮厚二寸许矣，作金黄色，饥不择食，味较鲜肉尤佳。幸此三日来，又获牛、马各一。众已饱餐，犹有余肉，即将煨熟唇肉留之，以为行粮。翌日晨，仍向前进。

注释

1 通条，用以清理枪膛的细铜条。

2 彳亍，指小步缓慢行走，时走时停。

第十章 遇蒙古喇嘛

少所见之骆驼·仙佛慈悲之喇嘛

又行三日，携带之粮又尽。众饥甚，途次获野羊一头，去皮生啖之。竭蹶行十余里，突见人马甚多，从后至。众颇惊疑，伫视久之，则喇嘛七人，策骑款段而来。又有驼兽四头，高大异常牛，无识之者。喇嘛忽见余等，亦颇骇异。近前询之，皆下马，操蒙古语。初不解，乃以唐古特语相问答，始知喇嘛皆蒙古人，久住拉萨奢色寺[1]，近以藏中兵变，达赖调兵围攻，战事即在目前，故弃藏而归。遂同行，十余里即宿焉。

喇嘛携有帐幕，到地即架设，且赠余等帐房二。约余至

高原骆驼

其帐内坐谈，询知余等皆西藏陆军，携有利械，又为避乱而出，极为尊崇。出面食果饼款余，赠余细糌粑一小袋，白糖一包，骆驼二头。又许赠士兵糌粑两包。余既得饱餐，又有骆驼代步，穷途拯救，仙佛慈悲，垂死鲋鱼，或不至再困涸辙矣。众以死里得生，咸狂喜，请休息两日再行。余商之喇嘛，亦同意。

喇嘛细谈前途

次日，喇嘛过余帐中坐谈。余询以此行，同至何处即分道矣。喇嘛曰："与君同行四日，即分别矣。君由此前进，约月余至盐海。过盐海，沿途渐有蒙古堡。又行七八日，至柴达木，乃塞外一巨镇也。由柴达木至西宁，不过十余日。沿途蒙古堡甚多，且汉人在此贸易者亦甚夥。"余曰："前方是否沙漠地？有无道路？"喇嘛曰："前进皆平原草地，时有山岗起伏，非如前此之一片黄沙也。但君宜谨记，前进如遇歧路，宜向西北走，勿向东行，自无舛误。我十年前，曾一度赴西宁塔尔寺，沿途停住，为番人讽经，故于此道尚能记忆也。"余极表感谢。

白骆驼不常有

余生长泽国，虽耳闻骆驼之名，究不识骆驼为何物。至此，方知喇嘛所乘，即骆驼也。昔读唐史，见哥舒翰开府西陲，扬威北塞。尝遣人奏事，乘白骆驼行，从西域至长安，万里之遥，兼旬即至。询之喇嘛，喇嘛曰："白骆驼不常有，惟灰色者遍地皆是。凡行沙漠地，非此不可。以其蹄宽如掌，踏地不陷落，能负重五六百斤，又能耐久，能耐渴。沙漠恒缺水，则杀之，取其胃中藏水以度命。君等行近盐海边，即非骆驼不能行也。"

同类之相残·阴谋之可畏

喇嘛回蒙，余等度陇，一东一西，分道扬镳。然前进月余，始有人烟，则茫茫前途，覆辙重蹈，颇为忧惧。乃商之喇嘛，约其同行至盐海，再分道回蒙。喇嘛曰："我仓猝出藏，携粮无多，今又分赠君等不少，倘迂道太远，中途无可采购，则殆矣。"余终以前进尚远，恐又迷道，复与喇嘛计议。忽闻邻帐枪响，喇嘛大惊，问余何故。余亦惊惧，不知所为。答以："勿虑！勿虑。急出帐视之，乃兵士严少武，为同伴谢海舞枪毙矣。余亦不敢穷诘，但委婉向众言曰："吾侪万死一生，甫逢喇嘛，道无迷失，众获安饱。倘因细故自相残杀，使喇嘛惊惧，弃我而去，则盲人瞎马，不啻自寻死路。"言已，不觉泪下，众皆无语，复至喇嘛帐内，饰词告之曰："适间兵士擦枪，不慎致伤一人，幸伤甚轻微，已为敷药，当不致死也。"喇嘛始安，复谈移时，告别回帐。忽谢海舞汹汹至，挟其枪杀严少武之余威，密谓余曰："我等行囊仅藏币六百余元，纵达西宁，而乡关万里，旅行何资？喇嘛携资甚富，不如劫而杀之，留其一仆为向导。行则资其骆驼，归则资斧无忧，公以为然乎？"余闻谢言，如晴空霹雳，气结不能语。久之，始诡辞答之曰："子所虑甚是。但喇嘛一行七八人，皆体力健壮，吾侪人数虽倍之，而羸弱至此，贸然行之，非徒无益，而害莫大焉。至尔后资斧，到达西宁后，我可力为筹措，不足虑也。"谢默然退。余至是，坐卧不安。复密召纪秉钺至，以谢言告之曰："子知其事否？"秉钺曰："此事毫无所闻。"余叹曰："喇嘛生死人而肉白骨，我负心劫杀之，世有鬼神，岂能容？世无鬼神，亦安忍？子宜劝戒诸人，慎勿为此。"秉钺去，久不回。余忐忑不能睡，步出帐外，闻士兵喁喁语甚急。余又虑其反戈相向，乃入帐，持短刀，拥被而坐。久之，语声寂然，余亦倦极而睡矣。

负心劫杀喇嘛·杀人适以自杀

次日，拔幕行，众无一语。方幸劝告有效，众已不作是想矣。殆行约三四里，忽谢海舞等六人向山边飞奔，依土坎开枪，向喇嘛猛射。继而后方枪声亦起。时喇嘛乘骆驼前行，余与西原在最后，兵士居中。喇嘛闻枪声，回首厉声问余何故，余惊惧不能答。喇嘛即就鞍上，取出十三响枪，向山边回射。其随从亦各出步手枪射之，枪皆实弹，似早已有备者。一时枪声大作，喇嘛中两枪倒地而毙。又毙其随从二。余四人策骆驼飞奔而逸，顷刻即杳，其余骆驼，亦随之奔去，仅余与西原所乘骆驼犹在。喇嘛行李财物，既随骆驼飞去，即许赠糌粑二包，亦口惠而实不至，至可痛心也。

是役仅获十三响枪一枝，谢海舞等六人，则负重伤，卧地呻吟。于是众皆坐地，相觑无一语。余愤然曰："何不前追？"众默然，垂头咨嗟，计无复之，因就山边止宿焉。余责秉钺不能制止，演此惨剧，何所得耶？盖自兴武去后，公口均由秉钺负责也。秉钺曰："众意已决，不敢深言，故亦不便复命。"然详询受伤之人，皆昨夜主张最烈之人，天眼恢恢，真疏而不漏矣。

生存止七人 · 求死不可得

是日无粮，乃杀西原所乘骆驼为食。余肉堆积山沟，入夜又为群狼曳去。但闻伤兵终夜呻吟叫苦，又闻呼救声甚急，众皆颓卧不起。次晨起视，则伤兵二人，夜为狼噬，仅余残骸而已。计自江达出发，共一百一十五人，除沿途死亡，及兴武等十人前进无踪，今生存者：耒阳人纪秉钺，云南人赵廷芳，贵州人滕学清，龙山人胡玉林，溆浦人陈学文、舒百川，乾城人曾纪仲，共七人而已。众议仍前进。濒行，伤兵四人，其一伤稍轻，扶杖而行，余二人已奄奄垂毙。独谢海舞宛转地上，号泣曰："众弃我去，忍令就死耶？"余等行不顾。复大声呼曰："君等不相救，我亦不堪其痛苦，曷以一弹饮我，以速我死。"曾纪仲怜而应之曰："诺。"余急喝之曰："杨兴武等已前进，安知不具粮食乘马来迎。况患难相从至此，忍自残杀耶！"盖余虽幸其不即死，亦深幸其不速死也。时众亦恶其祸首，咸揶揄之曰："君稍待，即有乘骑来迎。"遂行。行数里，犹闻其号泣呼救声也。

粮尽又迷道 · 饥不择食粪亦甘

自劫杀蒙古喇嘛后，粮食已绝，道路复迷。人少，行猎益艰。蹭蹬道上，互相怨怼，日行三四十里即宿。行七八日，沿途皆草地，又多小山，时获野羊、野兔以充饥腹。一日，马夫张敏在道旁获死羊一头，盖狼食之余也，仅余头颈一截，众分啖之，味亦甚佳。时久晴无雪，渴则敲冰嚼之。又行数日，遇野羊一头，跛行沟中，众追杀之。即止宿沟中，共啖之，亦十余日来，始获此一饱也。西原取所弃肠肚暗怀之归，去其秽，细嚼之，以告余曰："此味殊佳，可食也。"余试之，甘脆异常，共食几尽。晚间饥甚，又嚼其余，已而满口沾滞，抹之，则肠中余粪未尽也。

众与狼争食·防狼如防敌

又行二日，忽天降大雪，冰风刺骨，众益惫。不独野牛、野骡无所遇，即野兔亦潜伏土窟不出矣。勉行二十余里，有小山，略可避风，遂傍山边止宿焉。众饥不可忍，乃杀余所乘骆驼食之。余肉甚多，乃派六人更番守之，以防野狼。至夜，竟为群狼曳去两腿。守兵趋前夺之，狼亦不缓颊，互争甚久。众闻呼唤声，群集，开枪吓之，犹衔其一腿去。少顷，复来狼十余头，众已持枪戒备，众枪齐鸣，始缓步而去。去数武，犹立山头回顾。众惫甚，亦不能追也。

一夜，余登山溲便，距宿地仅一二十步。西原持枪伴余出，忽见黑影蠕蠕而动，谛视之，狼也。西原叱之不动，开枪击之，始反奔去。住此七日，狼日夜伺其旁，众亦日夜严防之，如临大敌，不敢稍懈。时连日大雪，众亦不能出猎，存肉亦无多。众议困守无益，决于明日冒雪前进。

可爱之山水

翌日晨起，雪住天霁，众鼓勇而行。余休息久，亦健步如常矣。行两日，转过山沟，忽见前面地势开朗，一望无际。行里许，即迤逦而下。时见地上隐约有牛马蹄痕，余颇异之，止众细视良久。时晴日当空，见前进向东北行，蹄痕甚多。折而西北行，亦隐约有路。余忆蒙古喇嘛言，乃决向西北行。

众亦以为然。行七八里，前方忽见小坪，细草蒙茸，苍翠可爱。旁有小山，山前一湾流水，活泼清浅，涓涓有声。溪宽二丈，水深二三尺。对岸矮树成荫，高与人齐，亦入沙漠来，所仅见也。坪中有石堆数处，皆为烟熏，似曾用以架灶者。众咸欢跃，知离居人不远矣。遂就草坪止宿，时方午后二时。

胡玉林失踪·以求无慊于心

是地山水明秀，非复沙漠地之一片荒凉。众亦乘此天色晴和，抖擞精神，入山行猎。去不久，即获野羊二头归，颇肥壮，共饱餐之。日将西沉，胡玉林犹未至，佥谓玉林素强健，又未病足，何迟迟不至，颇以为念。玉林性淳厚，尤勤敏，耐劳苦。余等自入广漠，凡凿冰、觅石、取粪、宰割等事，皆力任其劳，数月如一日，众无不爱之。不忍中道相弃，约以明日住此一日寻之。次日，众分途寻觅甚久，皆不遇而归。佥疑只身野宿，必饱狼腹矣，相与嗟叹不置。

次日早起，众议此去居人不远，宜速行。余默念玉林虽失踪，未必即死，倘我一去，虽生亦犹死也。怅怅不忍遽去，而又无以为计。正踌躇间，众复催行。余忽忆前日在分路处，犹仿佛见玉林在后，相距不及二三里。或误向东北行，以致相左。昨日众虽四出寻觅，然疲惫之余，恐行亦不远，故未能相遇。是玉林虽失道，去此或亦非遥。此地既有小山，倘于山头鸣枪，枪声可达一二十里外。玉林闻枪声，知余所在必出。出则山头可以远望而见也。万一鸣枪，久仍不出，则彼必真饱狼腹矣。然后委而去之，亦无慊于心矣。乃以此意告众，且约以各发十枪，一小时再不至，即行。众勉从之。

死里逃生遇猎番·一念恻隐之奇遇

持枪登山，余随之往，一时众枪齐鸣。未几，枪停，众四处眺望。逾十余分钟，果见有人策骑疾驰而来。近视之，则一番人，抱玉林坐马上至矣。众跳跃欢呼，玉林亦笑语相答。下马，互相慰问。玉林曰："我前日因足痛，行稍缓。初犹见君等前行，力疾而进，终不可及。渐行渐远，遂不见君等踪迹矣。又向前行甚远，忽见山边烟起，以为君等在此。竭蹶至其地，见猎番四人，坐帐幕熬茶。我一时大惊，认为蒙古喇嘛之随从在此，自念命合休矣。猎人初见我，亦甚惊讶，继见孑身至此，乃延入帐幕坐。彼此言语不通，以手示意而已。猎番知余穷途饥甚，款以面食牛羊肉，已饱食三餐矣。但不审君等何往，又不敢贸然而行。适闻枪声甚急，猎番颇惊疑。我知为君等行猎至此，以手语示意，始同其乘马出，果与君等遇矣。"言讫，众既幸玉林克庆生还，复得猎番，可为向导，皆喜不自胜。忆自蒙古喇嘛身死后，久迷塞外，日暮途穷，已无生还之望矣。不图中流一壶，复遇猎番。谓非有天幸耶！然非余恻隐之一念，恐亦不能获此意外之奇缘。铜山西崩，洛钟东应，感应之理，捷如影响，亦奇矣哉。

注释

1　奢色寺，即色拉寺，为藏传佛教格鲁派六大寺院之一。

第十一章　至柴达木

青牛可以代步

余等甚感番人款待玉林之厚，出藏币十元赠之。番人大喜，称谢不已。即招其伙伴，携氆帐、牲畜、猎品至，就地支帐，具面食、牛羊肉款余等。视其猎品，则有猞猁狲皮、狐皮、羚羊角甚多。又有挂面、酥油、奶饼、牛羊肉各食品。挂面质白而良，闻购自西宁者。面以牛羊肉羹煮食之，尤鲜美无伦。惟淡食已久，初食盐味，反觉喉涩不能下，仍淡食之。余等餐风寝雪，已四阅月矣。乍获面食，又居帐幕，恍如羽化登仙，不徒视藜藿[1]逾珍馐，抑且认番人为故旧矣。时众愈甚，乃向番人赁牛乘行。牛为青色，小而多力，与内地黄犊等。余等不谙青海语，以手示口谈甚久。每牛索银八两，且供给日食。余等欣然从之，先给藏币五十元。盖由此至柴达木，尚有十五日行程也。

穿林渡水纵辔行

次晨出发，番人乘牛前导。余等日乘青牛，夜宿帐幕，饮食供给，亦极丰厚，众心大慰。共渡水二十余道，愈行水愈深。陆无道路，水无津梁，使非番人路熟，则众足皆冻，一沾生水，即肿痛不能行矣。沿途树木青葱，高截〔达〕丈许。道路纡曲，不可辨认。时而穿林，时而渡水。气候虽寒，景物清幽，心神安适，纵辔徐行。行十六日，至柴达木[2]。见无数蒙古堡，散布广原，居民殷繁，俨然内地市村也。

柴达木之形势

柴达木译音为"柴丹"，昔为青海王庭。清初，岳钟琪破罗卜藏丹津十余万众，即此地也，为内外蒙及新疆入藏要道。盖由哈喇乌苏而北有三道，中东二道至西宁，西道至柴达木，再西〔东〕进约千里，方至西宁，此路甚迂远，且经酱通大沙漠，数千里无人烟，征行至苦。中道瘴疫甚盛，魏唐北伐，皆遇瘴而返。东道则石堡一城，素称天险，故吐蕃恃之，凭陵华夏。征诸历史，其地艰险如此，以余身所经历，则艰险更有甚焉。

可爱之喇嘛

柴达木至青海尚有五百余里。其中三百余里地皆盐淖，须改乘骆驼，遂在此小住。次日遇一喇嘛，相见极亲昵。自言甘肃北大通人而为僧者，来此十年矣，各处番人时延其诵经祷佛。询知余等皆汉人，由西藏回，亟称达赖、班禅之神异，宛然一生佛也。余实一无所知，姑饰词应之。喇嘛尤兴会淋漓，邀余过饮。余携西原同往，至一蒙古堡，即其寄宿处也。献奶茶、糖饼已，又宰肥羊款余，止之不可。更解去外衣，手自毛臠戴羹 [3]。既而具熟肉面食，味绝美。又出蒜辣一碟，尤生平所嗜，而久未得食者。一餐之后，果腹充肠，感东道之殷勤，遂忘北来之饥苦矣。

盐淖地之难行·咸水不可食

次日，复休息一日，购备面食，并雇骆驼代步。喇嘛又引一丹噶尔厅 [4] 商人至，亦汉人久商是地者。云："此君明日将回丹噶尔，可为君等侣伴，不须再觅向导也。"其人姓周，别号瑶青，年四十许，自言素业商，往来青海二十余年矣。前进道路极熟习。余大喜，约余明日早餐后起身。翌日早餐时，喇嘛复来送行，馈以蒜辣一包。余称谢，作别而行。从此行四十里即入盐淖地，渐渍难行。一望平原旷野，遍生小草，无人烟，无畜牧，无河流。其土壤，视之似甚坚实，踏之则下陷。余尝以枪托插地上，应手而入，深四五寸，水即随之涌出。故行盐淖地，非骆驼则不能行也。

淖中水咸涩舌，含有毒质，不可饮濯。但每行一二日，必有淡水，或出于淖中，或出于树旁。亦无泉源，无井穴，视之，与淖中咸水无稍异，非惯行是地之番人，不能知也。故旅行之人，必以皮革满盛淡水，系骆驼上，随之行。余见同行番人，宰二羊，去肉存皮，缝其破穴，从喉部盛水使满，亦甚便利也。闻商人言："昔回人大举入寇青海，马陷淖中，不能驰骋，大败而还。且误饮咸水，归而痘疫大作，死亡略尽。自后回人亦不敢再犯青海矣。"

批郤导窾之神技

行五日过盐淖，皆平原草地，沿途山渐多，路亦纡曲，时见三五蒙古堡，散居山麓道旁。尝一日宿于小喇嘛寺，寺外蒙古堡甚多，俨若村舍。时有陇商多人，在此收买羊皮。番人方操刀解羊，身手轻捷，砉然响然，批郤导窾，约一小时，十余羊尽解矣。此真庖丁之神技也。

番人迁徙之状况

是地居民皆以游牧为生活。居则毳幕，衣则毡裘，食则牛羊，行则骒马。逐水草，饮潼酪，水草既尽，又卷帐他去。居无定址，行无旅舍。其贫富，即以牛羊多少定之。富有者每一帐幕，必有牛、羊、骒马千余头。贫者亦有百数十头，盖非此不能生活也。一日，途遇番人举家迁徙，驱牛、羊、骒马数百而至，男女老幼皆乘骒马行。粮食衣物，锅帐器皿，则以牛马负之。随人行走，无须驱策。惟时见羊三五游行，随地龁草。驱之则走散，听之则行迟。有妙龄番女数辈，袒半臂，执长鞭，款段随行，呼喝照料。又有獒犬十余头，高三四尺，狞恶可畏，时前时后，监视出群之羊，故羊亦畏之。然犬至则羊归队行，犬去羊复逸群出，亦羊性贪顽如是也。

麋鹿成群·青盐充满革囊·香烟一听

入盐淖后，野牛、野骡已绝迹矣，时见麋鹿成群，游行山上，见人即逸去。余等将至青海时，山岭渐多，频渡溪流。一日入山谷，沿溪而行，有群鹿饮于溪边，见余等至，即奔向山巅去，其行如飞。山高数里，瞬息即达，众持枪射之，不能及也。

又行十余里，峰回路转，前有大平原。遥望银河一线，横亘其中。初疑为河水结冰，商人曰："此青盐海也。海宽里许，其长无垠。"商人皆下骑卸装，就海边张幕栖宿。时天尚早，询其不行之故。商人曰："我等须在此取盐，明日方行。"余乃同至河边视之，见冰厚数尺，其坚如石。行至海中，闻冰下海水砰击有声。问盐在何处？商人曰："饭后，君自知之。"遂同回。晚餐后，商人携革囊一，捆橛杵一束，至海边。初以铁橛掘冰，深数寸，再以铁杵凿之，碎冰四溅，久之成小孔，深二三尺，冰洞穿矣。即有海水一线，喷起数尺。然后覆以革囊，以冰块压其四周，即归。余尚不知其盐在何处也。次晨早起，随商人等入海取盐。至则昨日空囊委地，今已卓立冰上矣。推倒视之，囊中青盐充盈，粒粗如豆，莹洁有光，色微青，即吾乡药市所售青盐也。较精盐味尤醇厚，天然产物，付之荒漠，殊可惜也。

事毕起行，日已向午。是日行不远，即宿蒙古堡内，番人招待甚殷勤。又有华服华言商人，闻余等皆汉人，新自西藏来，过谈甚欢洽。云："来此已久，乃贩运西宁布匹、麦面、磁、铁器物，至青海各处，易皮革、茸、麝者。"颇谙番语。询以前途景况，与周瑶卿所谈均同。馈余香烟一听，云："我素不嗜此，亦友人所赠，特转以赠君。"余喜极，取而吸之，觉头目昏眩不可支。盖不吸此烟，已五阅月矣，故乍吸之，反觉不适也。

老人流落青海·道听途说之国事谈

又行两日，沿途人烟渐密，山麓渐多，且有商人伴行，谈笑甚欢，心神益觉怡悦。至一处止宿，有人户百余，散居平原中，林木清幽，亦所仅见。一老番人来会，精神矍铄，状貌伟岸。率儿童五六人，自道湖南湘阴人，年七十余矣。早岁随左恪靖[5]出关，辗转新疆、甘肃，流落不能归，遂家青海。娶番女生子，子又生孙。乃知所携儿童皆其孙也。旁一二十许少年，其幼子也。久居塞外，语言生涩，多不可辨，因闻余从西藏归，又同乡井，倾谈甚欢。余询以内地革命事，但知"袁世凯为大元帅，孙文为先锋，国号归命元年"，亦道听途说，且误"民国"为"归命"也。谈次，呼幼子归，取鸡蛋十余枚相赠。余亦赠以藏币四元。复请益，因笑曰："以此饰诸儿发，尚少三元。"余如数赠之，大喜而去。次晨，余将行，又亲携酒肉来，执别依依。余问之曰："老人何日归？"乃长叹曰："乡音久改，鬓毛已衰，来时故旧凋零，不通音讯，已六十年矣。今纵化鹤归去，恐亦人物全非。儿孙在此，相依为命。君问归期，我归无期矣。"相与太息而别。

激昂慷慨之秦声·鲲鲕不可食

别老人后，沿山谷行。途中，商人高唱秦声，激昂慷慨，响彻云霄，即谚所称"梆子腔"也。余等久闻缺舌之音，忽听长城之调，不觉心旷神逸。乐能移性，信哉。

入山谷行甚久，逾一小沟，宽六七尺，流水潺潺，游鱼甚多，长一二尺，身圆而肥，充满沟中。众下马，以刀刺之，获四五尾，悬之骆驼上。住宿时，众烹食之。因无豆酱葱辣，余与西原皆少尝辄止，仍食羊肉。众大嚼，至夜，皆呕吐，狼藉满地。次晨，行不远，余幸略吐即止，西原竟无恙。岂河豚有毒不可食，故能繁殖若是耶？抑鱼食人尸，腥膻不可食耶？后至西宁，遇一医士，询以青海之鱼，何以不能食？医士曰："凡鱼无不可食者，惟鲲鲕有毒，误食常致呕吐。君不闻鱼禁鲲鲕耶？"余始忆及众贪味美，并鲲鲕食之。然余从此不食鱼，亦四年矣。

苍茫无际之青海 [6] · 环游大海念八日

次日早起，商人曰："今日至青海矣。"众喜极。初行谷地，再入沟行。出沟，经大平原。原尽，前临大海，苍茫无际。商人曰："此青海也。"即止宿海岸。细询青海景况，商人曰："此海回环二千余里，有无数番族环海而居。中有二岛，有居民五六百户。中产麝香、鹿茸，海中产鱼虾、发菜。九月海冻，踏冰往还。至五月冰解，舟楫不通，遂绝行人。岛中喇嘛寺甚多，有异僧。凡游青海山岛者，往往裹一岁粮往栖焉。"言已，复同商人至海岸眺望。但见烟霞蒙蒙，浑无际涯，大过洞庭、鄱阳诸湖。其水皆四面雪山融积而成，潴而不流。时同行番人，亦来观海。余问之曰："子曾入海岛游览否？"番人曰："此惟喇嘛尝往来其间。我但知此海甚宽广，乘马环游一周，须二十八日。其大可知矣。迩来海北多夹坝 [7]，亦鲜行人矣。"

离别之伤心

次日，沿海岸南行。二日海尽，沿山岗行，地势绵亘。至一处，道左一带小阜，有城垣，广袤里许，大半颓圮，房屋遗址犹依稀可见。商人曰："此某协城池也。仿佛为富和协，日久不能复记矣。城内驻兵千人，二十年前，番人叛变，一夜尽杀之。"再行甚远，沿途房舍、喇嘛寺甚多，颇有繁盛气象。是日，宿喇嘛寺外民舍内，食物咸备，番人亦多晓汉语者，非复从前之寂寞矣。遇一番人，颇能汉语，与之谈内地革命事，亦但知重建新邦，而不知易帝制为共和也。次日复前进，行十余里，不见张敏及蛮娃随行。众亦不知，再行数里，亦不见其来。有言其昨晚至喇嘛寺，与一喇嘛谈甚久。晚亦不归，必留喇嘛寺不来矣。余不胜叹惋。既念其相从万里，别离心伤。然彼辈终为番族，恐亦不惯与汉人居。倘得喇嘛相留，在此栖迟，亦未尝不深幸其得所也。

过日月山

自喇嘛寺前进三十里，即日月山[8]。山高不过三四十丈，横亘道中。山阴略有耕地。商人曰："此地屡次开垦，均因气候太寒，未收成效，即罢。"余上至山顶，遥望内地，则桑麻遍野，鸡犬相闻，屋宇鳞鳞，行人往来如织。余等过青海，即觉气候渐暖，冰雪尽消。然一过日月山，则豁然开朗，别有洞天。居民皆宽袍大袖，戴斗笠，乘黑驴，宛然古衣冠也。番人谓："过了日月山，又是一重天。"信哉。下山行二十里即宿。

次日黎明，复前进。沿途皆汉人，有屋宇，贸易耕作。且时见乡塾，闻儿童咿唔读书声，顾而乐之。行两日，至丹噶尔厅，遂择旅店投宿焉。

注释

1　藜藿，粗劣的饭菜。

2　任乃强认为，陈渠珍此处所记有误，按其路径，此处应为格尔木。下文称柴达木为柴丹，位于今青海省海西蒙古族藏族自治州大柴旦行政区。本书从其说。

3　毛炰臡羹，此处指烧烤大块羊肉，熬制羊肉汤之意。

4　丹噶尔厅，1829年置，属西宁府，治所在丹噶尔城。1913年改为湟源县。

5　即左宗棠，晚清军事家、政治家，著名湘军将领，参与镇压太平天国运动，兴办洋务，收复新疆。历任闽浙总督、陕甘总督、两江总督，官至东阁大学士、军机大臣，封恪靖侯。

6　青海，即青海湖。

7　夹坝，藏语音译，强盗之意。

8　日月山，位于青海西宁市湟源县西南40公里，青海湖东侧，是内地赴西藏的咽喉，汉、晋、隋、唐等中原王朝的西部前哨。

第十二章　丹噶尔厅至兰州

丹噶尔厅 · 店主款待之殷勤

余由江达出发，为冬月十一日，至丹噶尔厅，已六月二十四日矣。长途征行，已历一百九十三日之久。衣服久未洗濯，又无更换，皆作赭黑色。辫发结块，割去，非因朝代更易剪发也。须长半寸许，非因年老蓄之也。幸塞外奇寒，尚无汗臭。然前者闻酥酪而香，今则觉腥臭不可闻矣。余等奇装异服，市人咸集店中询问。自视殊觉形秽，乃洗濯更衣，入市购制服物。是地民俗朴陋，以余等为南方人，又新自藏来，妇女传观，商贾肃敬。子卿返汉，令威归辽 [1]，客感沧桑，主观新奇，亦自伤矣。入店市物品，主人咸起立致敬，且出果饼相款，必令饱。

丹噶尔厅城门

次日晨起，至一布店，店主殷勤招待。导入客室，土炕横陈，上布芦席，请余登炕坐。持长方小木匣一，中为数格，分置水烟袋、鸦片灯、酒壶、酒杯、棉烟、火柴、烟锤、烟芊。首敬酒，再以木匣授余，余略吸水烟，即置匣炕上。店主犹殷勤劝鸦片不已。盖是地无家无烟具，无人不吸鸦片也。

塾师之野蛮

余因购制衣履，羁留一周，旅居多暇，留心风土，乃知是地东西虽属汉人，余皆汉番杂处，风俗犹榛。妇女尚纤足，裙下莲步，不及三寸。服饰既古，文化尤卑。邻店为一私塾，尝见一生，久读不能成诵，塾师罚之跪，以草圈罩头上，频加砖石，令其跪诵。余见之骇然。

阿芙蓉之误事·公子误死岩下·神明之显示

余所宿店主，年六十余，皓然老叟也。一日，冠服送厅官某归，谓其家人曰："厅官哭甚痛，我等亦为之泣下。"余叩其故，店主曰："厅官某（忘其姓名），年逾花甲，无妾媵，夫妇齐眉，仅一公子，来时年十五六。官此二载余，公子就学兰州中学，寒假遣仆迎之。归至离城十五里某处，仆有阿芙蓉癖，入店吸烟。公子久待，归心甚急，遂怒马先行。仆随后至，不见小主人，乃策骑至署。厅官夫妇以为偕公子归矣，大喜。唤公子，不见。问仆，仆饰词曰：'入城后，公子即先行矣。'乃遍索不获，始疑仆，固诘之，亦无词。仆素忠实，相从甚久，知有他异，乃悬重赏，勒差役缉访，数日无音耗。厅官夫妇日夜哭祷于神，求公子生还。差役遍缉无踪，畏厅官追比，至离城十里某山寺祷于神前，祈显示。陟山甚倦，倚神案后假寐。无何，闻有人来祀神，初不之异，既而闻其喃喃自语，似忏悔。细听之，即杀公子凶犯也。因独力难支，急从侧门出，下至路旁，遇相熟数人，语之故，同上山执之。械诸署，严讯之，尽吐其实，乃青海盗也。因初探知富商某，岁暮至西宁收债归，将从山下过，乃约同党数人，伏半山石壁间，垒石以伺之。山下右削壁，左临河，羊肠一线，往来所必经。未几，果见一人乘马疾驰，与富商马毛色相似，乃推石毙之。搜其囊中，书数册而已，他无所获。视其貌，又一翩翩佳公子，非商人也。大骇，曳其尸掩埋石壁间。自知误伤，颇自追悔。番人信佛，乃祈祷于神寺，亦不虞罗者卧其旁也。厅官既痛爱子惨死，又见清社已终，遂挂冠归里。我等因其清廉仁厚，空城往送，具炮火，直送至郊外，洒泪而别。厅官亦自见其子之出，而不见其子之归，故哭之痛，非徒为斯民而堕泪也。"店主谈已，叹息者再。余亦怅然者久之。余尝细按兹事始末，则默默中亦似有意似无意。以良吏之子，而横遭惨杀，似无天理。乃因其夫妇之精诚感格，胥役之虔诚祈祷而速盗之来，状类自首，又似有神明显示焉。怨毒所积，戕人适以自戕。积善降祥，积恶降殃，天道不大可畏耶！

堞楼森严之西宁·险生误会·西原饱受虚惊

余住丹噶尔厅七日，制备衣物毕，即乘骡车向西宁前进。计程九十里，道路平坦，抵西宁，见堞楼森严，市廛鳞比，肩摩毂击，往来如织。清时设总兵一，道、府、县各一，青海办事大臣，亦建衙于此，乃边疆一重镇也。车夫导余投逆旅宿焉。闻管弦繁响，歌声杂沓，询之店主，乃一剧团寄宿其中。房舍虽极简陋，然招待颇殷勤。知余为军官，携有枪械，又远从塞外来，更敬礼之。客中忽闻清音，倍增佳兴。

次晨，余方起，忽报客至。颇异之，方出迎，客已昂然入，据炕坐，傲不为礼。又见随从武装兵士多人立门外。询问甚久，始改容谢曰："此地方戒严，君等携武器来，胡不入报官厅耶？"余以昨日到甚迟对。〈其人姓〉颜，为湖南长沙人，现任城防营管带。知余来意，又兼乡谊，始问讯寒暄。忽西宁府陈某又至，严诘来历。余对如前，因取枪弹交付之，陈接收讫。颜又为转致来意，陈色始霁。谓余曰："君不言，几误会矣。"约余同至镇署，谒张镇军。张立大厅接见，余详述援藏离藏始末，及塞外迷道，部众死亡经过，慷慨纵谈至一时许。张闻而壮之，乃延入坐，复询问甚详，亦太息曰："余皖人，官斯三载，囊橐依然。今时移势异，一家三十余口，欲归不能，时方多难，如君英才，飞腾有日，今南归无资，当为竭力筹之，幸勿为虑。"余称谢辞出，归至逆旅。西原见余久不归，惊惧欲泣，至是，始破涕为笑。既而颜君复来，共话行藏，深为叹息。又约至府衙，晤陈太守，谈藏变经过。陈问："在川曾识陈宧其人否？"余曰："此二庵先生也。我到川时，闻已随锡清帅赴六诏矣。"颜曰："二庵先生，即太守犹子也。"陈复曰："君南归一行七人，旅费颇不资。顷晤张镇军，极称君才，共商备文推荐于甘督赵公惟熙[2]。此公怜才爱士，倘一觌面，必有所借重，君亦不必呕呕南归也。"余亦称谢不已。

军队之怪象

住西宁三日始行。随从滕学清、赵廷芳则荐之颜管带处。张镇军、陈太守、颜管带等共馈八十金。张又遣其甥孔某持文同赴兰州。乘骡车行六日始至。寓炭市街客店，店主为太原人。行装甫卸，见店主与店伙喁喁语，颇现仓皇之状。有顷，即有武装兵十余人，牵马入，系马柱上，遍入客房，厉声问："此谁行李，尚不收检？"一一抛掷庭中。店主乃请其一人，似头目状，至内室，谈移时，伴之出。犹微闻其语头目曰：

"此区区者，幸包涵之。"无何，武装兵皆牵马出，店主始向众客道歉。余愕然不解，固诘之。店主曰："此马军门 **3** 来省，所带马队，皆撒喇回子，极凶暴。顷已馈银二两，始去。亦藉打店为名，沿街需索而已。每岁必有一二次来，我等甚苦之。"余闻之，慨叹不已。

拉萨噩耗

次日，孔君来约，赴督署投文，谒赵督。立延见，赵貌和蔼。余陈述经过已，赵亦为之叹惋者再，引《孟子》"天降大任"一章相勖励，复言："近接川电，达赖已调兵围拉萨。我军万里孤悬，救援不易。倘迁延时日，粮弹两绝，则殆矣。昨中央电川、滇、甘三省筹备援藏。此事殊不易，君能在此稍待，将有所借重。"余亦力白愿供驱策。言毕辞出。

周逊之控告 · 面数周逊之罪 · 辞赵南归

余由工布回至江达，即不知周逊所在。兴武等遍寻未获，有云已出昌都矣。迨余抵兰州未久，闻周逊亦到。余遣人四出寻之，无所见。又数日，晤督署巡捕胡立生君，亦长沙人也，云有同乡周君，控君于督署。余颇讶之，继思此必周逊所为。因同至督署查之。果周逊为长褂事，控为余所主使也。遂入见赵督，备陈颠末。赵曰："乱军之中，人命贱如泥沙，诓能一一理之耶。"乃嘱旅甘湘人出为调解。

翌日，同乡十余人，毕集会馆，周逊亦至。余当众详述罗事经过已，因诘周逊曰："罗公之死，子何所见而指为我所主使耶？吾解衣以衣罗公，推食以食罗公，子所目击也。途次不肯同行，子所主张也。留兵护卫，子所拣选也。杀罗公，乃川人赵本立也。死难地，距德摩犹远也。罗公诛杀哥老会首未成，而藏局已变。罗公犯川人之怒，构此弥天之祸，亦子所尽知，而亦子等促成也。子既误罗公以死，今又陷我以罪，子诚何心而忍出此？且子以兵卒入藏，由正目而司书，而推荐于罗公。谁之力也？"余且数且责之。周逊始而色峭然，继而色赧然，后亦强颜为笑曰："具状督署，亦聊陈出藏经过耳。且至此，旅费已尽，不能归罗公遗骨，藉此以求赵督资助也。"余斥之曰："子乏旅费，胡不我谋？而竟陷我以杀人之罪耶？"周逊默然，众力劝乃已。

余痛愤之余，万念俱灰，决计辞赵督南旋。赵督赠川资五十金，余乃资遣纪秉钺等回里。余俟其去后，始偕西原乘车取道长安南归。从此朝行暮宿，饱受艰辛。

王瑞林之兄·感物伤怀

一日行至邠州 [4]，时已八月十四日矣，明日即为中秋节，停车休息一日。余亦略市酒肉，与西原共饮。西原曰："囊金将尽，去家犹远，如此破费，何以得归？"余曰："汝言诚是。但囊金有限，到达长安后，终须致书家中，待款方行，汝其勿虑。"正叙谈间，忽一军官至，自言乔姓："昨阅店中循环簿，知君由丹噶尔厅来。我丹噶尔厅人，特来过访，君住丹时，闻有乔子丹被官府枪杀否？"余问故，乔君曰："我亦革命事败，逃至此地。乔子丹即家兄也，当时被逮捕。我逃至兰州，闻已被杀矣。"余对以住丹不久，亦无所闻，言讫即辞去。

至晚，复有湘人王君兆庆来会，问余姓名、籍贯甚详。乃告余曰："我即王瑞林同胞兄也。我来此四年矣，屡接来书，云已随君入藏。且以堂兄朴卿之故，颇蒙优遇。迄今音信渺然。此间频传藏军已被番人围缴枪械，杀戮尤惨，迄无从探询真相。顷晤乔排长，言君有同乡陈某，新自西藏归。疑为君，至今果然矣。"盖其弟瑞林，由川随余入藏，任司书。藏乱，即随余出青海，途中病故。因以实告之，王君已语不成声矣。适余案上有墨盒，乃瑞林物也。盖上镌有瑞林名号，王君视之，不觉泣下沾襟。复谈出藏经过，及此后行止甚久，始别去。移时，王君复来，馈以酒食糖饼，谓余曰："君到长安，待款方行。然长安颇戒严，寓中日夜盘诘，吾乡童观察，有巨宅在城内洪铺街。现人去屋空，仅戚君兰生，为守是宅。我为君作缄介绍，君寄居其中，省事省钱不少也。"余甚感谢之。

王君就案头书就一函，交余携去，即辞归。

寄居长安·鬻珊瑚山

次日诘早，乘车前进，行七日至长安。径投洪铺街童宅，晤戚君，亦宁乡人也。留余迁入，云："东厢空房，君自择之。"余乃居其最后一栋。前三进空房十余间，尘封已久，无人居住。余与西原略加扫除，购薪炭米面，躬自炊爨，又写书至家索款。所居室甚幽僻，余日与西原相依为命，跬步不离也。

转瞬又初冬，气候渐寒，添制衣物，囊金将尽。屈指家中汇款，非两月后不能至，长安居大不易。又住二十余日，囊金尽矣。西原曰："家中汇款需时，何能枵腹以待？无已，曷将珊瑚山售之。此山途中摩压，已久碎断矣。"余亦无计，姑携入市求售。行两日，无问之者，后至一古董店，售银十二两而归。西原喜曰："得此以待家中款至，不忧冻馁矣！"

董禹麓之可敬

余住此多暇，时与戚君晤谈。知邻居有董禹麓君，湘西永顺人，久游秦中，任某中学校长，又兼督署一等副官。为人慷爽好义，同乡多敬仰之。余次日过访，未遇。晤其同居张慕尹，为麻阳人，与之谈，尤亲洽。未几，禹麓归，延至厅中坐。禹麓沉默，寡言笑，学通中西，质直无文。余甚敬之。自后，时与慕尹过从。禹麓事繁，亦不及再晤矣。

西原卧病·西原竟一瞑不视

旅居至冬月初旬，家音犹未至，床头金又尽。囊中余望远镜一具，售之，得银六两。余颇焦忧。余住宅在最后，每外出，西原必送出扃门，坐守之。余一日归稍迟，西原启门，余见其面赤色，惊问之，对曰："自君去后，即周身发热，头痛不止。又恐君即归，故坐此守候也。"是夜，西原卧床不能起。次日，又不食。问所嗜，对以："颇思牛奶。"余入市购鲜牛奶归，与之饮，亦略吸而罢，不肯再饮。余急延医诊治，医生曰："此阴寒内伏，宜清解之。"一剂未终，周身忽现天花，余大骇。盖曩在成都，即闻番女居内地久，无不发痘死，百无一生者。乃走询医生，医生曰："此不足虑。"为另主一方，余终疑之。从此药饵无效，病日加剧。

一日早醒，泣告余曰："吾命不久矣。"余惊问故，对曰："昨晚梦至家中，老母食我以杯糖，饮我以白呛，番俗梦此必死。"言已复泣。余多方慰之，终不释。是日晚，天花忽陷，现紫黑色。余知不可救，暗中饮泣而已。至夜漏四下，西原忽呼余醒，咽哽言曰："万里从君，相期终始，不图病入膏肓，中道永诀。然君幸获济，我死亦瞑目矣。今家书旦晚可至，愿君归途珍重，幸勿以我为念。"言讫，长吁者再，遂一瞑不视。时冬月☐☐日也。

董禹麓之慷慨·厝葬雁塔寺

余抚尸号哭，几经昏绝。强起检视囊中，仅存票钱一千五百文矣。陈尸榻上，何以为殓，不禁伤心大哭。继念穷途如此，典卖已空，草草装殓，费亦不少，此间熟识者惟董禹麓君颇慷慨，姑往告之。时东方渐白，即开门出，见天犹未晓，此去殊孟浪，又转身回。见西原瞑然长睡，痛彻肺腑，又大哭。移时，天已明，急趋禹麓家。挝门甚久，一人出开门，即禹麓也。见余仓皇至，邀入坐，问来何早？余嗫嚅久之，始以实告。禹麓惊问曰："君余资几何？"余犹饰词告之曰："止存钱五串耳。"禹麓蹙然曰："是此，将奈何？"略一沉思，即起身入内。有顷，携银一包授余，曰："此约有二三十金，可持归为丧葬费。"又呼其内戚罗渊波，为余襄理丧事。余亦不及言谢，偕渊波匆匆回。渊波途次告余曰："禹麓实一钱莫名。兹所赠者，乃其族弟某贩羊寄存之物也。"余唯唯，亦不知如何言谢。既而渊波为入市购衣棺，又雇女仆为沐浴更衣。称其银，得三十七两，亦见禹麓之慷爽高风也。复延僧讽经。午后，装殓毕，即厝葬于城外雁塔寺。余既伤死者，复悲身世，抚棺号泣，痛不欲生。渊波百端劝慰，始含泪归。入室，觉伊人不见，室冷帏空，天胡不吊，厄我至此，又不禁仰天长号，泪尽声嘶也。余述至此，余肝肠寸断矣。余书亦从此辍笔矣。

注释

1　苏武，字子卿。苏武壮年出使匈奴，被羁留十九载方获释，归来已白发苍苍。丁令威，辽东人。《搜神后记》中记载丁令威学道千年有成，化作飞鹤返回辽东，故乡已物是人非。

2　赵惟熙，亦作赵维熙，字芝珊，江西南丰人，光绪十六年（1890）进士，授翰林院编修，曾任陕西、贵州学政，辛亥革命后任甘肃都督等职。

3　即马安良，回族，甘肃临夏人，清末任宁夏镇总兵，民初任甘肃提督。军门，清代为提督或总兵加提督衔者的尊称。

4　邠州，今陕西省彬州市。

附 篇

亡姬西原琼林合葬墓志

西原殁后三十七日，接先母邵太夫人弃养之电讯，余哀痛之余，匆匆回里。西原灵榇，亦无力扶归。越十年，董禹麓君为归其骨于保靖军次。又四年，始与亡姬琼林合葬于凤凰城西陈氏之阡。余乃挥涕濡毫为文，以志其墓。爰录之于后，聊寄悲思云。

姬西原，西藏人也。藏俗无姓氏，称以其名。姬生于凯浪，来归于德摩，殡于陕西西安，埋骨于湖南凤凰。其卒在归后三年，其葬在卒后十四年，其病以积瘠不治。其从葬曰琼林龙氏，亦吾姬，实正命于保靖，卒之时日不同，而葬则与西原同一茔域。藏俗尚骑射，西原能驰怒马，俯拔卓地尺竿之球。又尝去百步射，不失鹄。清宣统二年，余从军入藏，西原来侍，闺处有礼意。越年，余以偏师战八浪登，战纳衣当噶，两赖西原之力，脱余于险。其后，武昌革命军起，余谋以兵遥应之，卒不利。遂于十一月十一日，率从士一百一十五人，携二月粮，入青海，失道戈壁中。弥望黄沙猎猎，盛风雪豺虎，士皆气惛慑，谓必死。西原独持壮语相慰藉。其后粮尽，杀马淬装，寻火亦绝。乃猎野牛、野羊生啖之。士沾寒，死亡日众。西原独肩襆被温余。一日间行失从，夜卧沙碛中，饥惫濒殆。西原搜橐中余脯以进，余孽啖之，则泣曰："妾忍死万里从君，君而殒，妾子子安所归？且世固不可无君。"卒不食。余亦为之呜咽哽噎，泣数行下。明年六月二十四日达兰州。从士死亡殆尽，生还者仅七人而已。九月行次长安，西原以积劳病发，卒年十九。临命犹执余手，泣曰："君获济，妾死无憾矣。"呜呼！西原茹万苦百艰，敢犯壮夫健男窘步搋肘之奇险，从容以护余者，而余曾不获携归家园，同享一日之安宁。余述至此，余肝肠碎断矣。复何言哉！复何言哉！穷途无力扶归，权厝于长安城外雁塔寺。其后十年，挚友董禹麓，为归其骨于保靖军次。又四年，始与琼林合葬于凤凰城西陈氏之阡。琼林卒年十七，娩媷不年，所乳子亦化去。女子赋命之穷薄也，何两人同悲哉！余既卒窆二姬，乃最书一二，署桓表以塞宿悲，抑自悼其颠毛种种。虱此抢攘之局，茫不审税驾何所。今吾西原、琼林，阒然娱宁于幽宫，虽可悲亦可喜。

巫峡之猴

余等奉遣入川，同行为林修梅、王邦吉、戴德滋、黄汉章等五人，乘轮至宜昌。宜昌，古彝陵，今辟为商埠。至是，换帆船溯流而上，舟行甚缓。一日，经巫峡，忽片云起天际，榜人相戒，飓风将至。舣舟于山麓避之。俄狂飙大作，巨浪拍天。良久风定，而日色将暝，因止宿焉。余等舟行久，见岸无居人，因登山游憩，以纾疲倦。巫峡山高岸削，紧束江流。亭午见日，余时阴晦。无庐舍，无居民，山上为猿猴窟宅。古人过峡赋诗，往往以之为点缀品。余等攀崖上至五十余丈，不能再登。仰视山巅，高犹数百丈。有青猿四五往来跳跃。视之如巨犬，其大可知矣。同人相与拍掌戏骂，猴惊逸，余等殊未置意。有顷，倏闻有声起于山巅。仰视，猿猴千余聚山头，摇撼山石，石崩落下击，巨如案，或如斗，密如雹，声如雷，触崖石，爆裂如榴弹。余等惊惧不知所为，且奔且匿。良久，声住猿散，始敢归。舟子曰："峡里猿多，偶犯之，大足为患。"是日，仅一小石落舟旁，故舟亦无恙。猿之始闻人声笑骂，则惊而逸，愤力之不敌也。去归而引其类，乘高撼石，所以图报复也。猿为兽之灵，亦黠矣哉。至万县，舍舟登陆。从北道至成都，沿途山高而峻，幸驿道宽整，尚不觉其苦耳。余等在武昌购得《蜀江图》一册，描写沿途风景，附以说明，旅行所至，但展画图，无须询问，是亦旅行中之一指南也。

林修梅之雅谑

余入川同伴四人，戴德滋、黄汉章皆余同里，王邦吉为宁乡人，林修梅为临澧人。诸人皆同学，又同舟。舟行既缓，人淡无言。德滋性恬静，汉章性执拗，邦吉性粗莽，惟修梅狡黠有才辩，善谐谑。时岁暮，汉章恒引被取暖，作竟日眠，仅餐时拥被起坐而已。一日，有倩修梅谈笑剧解闷者。修梅曰："言之恐失欢，诸君勿罪，方敢纵谈。"众诺之。修梅乃端坐，侃侃而言曰："水族中蟹、虾、鲤、龟四怪，拜老君为师，学道有年，因厌拘束，苦求去。老君知其道行浅薄，执不允。四怪苦求之，老君曰：'试可乃已。'遂令各显所长。蟹即前，张螯舞足，出没纵横，曲尽精妙。老君大喜，嘉之曰：'尔色黑精黄，上壳法天，下壳像地，锡尔嘉名曰天地玄黄，以期名实相符，炼成法宝，周身兵甲，所向无前。'蟹喜，谢而退。虾奋而纾足扬须，往来跳跃，体态轻盈，身材活泼。老君亦嘉之曰：'尔身小而轻，飞腾上下，驾雾腾云，天曹水府，任尔游行，锡尔嘉名曰倬彼云汉，因材而教，炼成法宝，卓立空中，坚定不摇。'虾喜，谢而退。鲤鼓翅扬须，昂头弄尾。老君曰："鲤鱼烧尾，即可化龙。尔道未深，尚难变化。但金鳞照耀，几若锦绣文章，顾名思义，亦锡嘉名曰斐然成章，炼成法宝，遍体金光，偶遇妖魔，惊为仙佛，即可鱼目混珠矣。'鲤亦喜，谢而退。龟独缩头不前，老君促而试之，一无所长。大怒，逐之，不与法宝。龟恳泣不已，三怪亦代求之。老君曰：'尔等既笃同学之谊，即宜各分一宝。'于是蟹分黄，虾分汉，鲤分章。老君乃谓龟曰：'尔终日藏头缩颈，隐身盖中，今同学赠尔法宝，余即以此锡尔名曰黄汉章可也。'"语时，目视汉章而手指之，众皆绝倒。汉章恼羞成怒，取菜盒掷修梅，未中。舟小人多，舱内皆卧具，菜盒内菜汁肉汤，淋漓殆遍。余等卧具皆污，不欢而罢。林修梅喜恢谐，信手拈来，都成妙谛。箭在弦上，不得不发，以致良友生交哄之隙，旁人受无妄之灾。与王渔洋之与汪钝翁，李克用之与朱全忠，因谑生隙，古今一辙。修梅以刻薄之心肠，兼乖张之性情，不诚无物，余早知其无成也。汉章当民十四任里耶盐局正办。适龙山神兵¹窜里，汉章夫妇同匿乡间。因仇讦告，被神兵所执，夫妇同遇害。邦吉后亦潦倒身死。独德滋身名俱泰。旧游回忆，不觉忾然。

罗长裿死事经过

案罗长裿之死，明明有其致死之由，且有凶手赵本立等尚在川中。乃周逊初控余于甘督赵维熙，因理曲而罢。继又挟其负罗遗骨之功，利罗家富有，而拥其十余龄幼子入京，控余于法院，案久不理。后闻联豫在京，乃往求之。时联方切齿钟颖，遂告以钟颖谋杀罗之经过。联豫与那相²为至戚，倩那转诉于袁大总统世凯。袁在清时，固依附那相者，得那一语，立捕钟颖至京鞫诉。钟诿为不知，而推过于余，以赵本立为余部司务长也。时余方任湘西镇守使署参谋，又被捕至京，下陆军监狱，旋经高等军事裁判处三次庭讯。钟颖初抵赖，既而联豫莅庭面质，且出其主谋证件。并言："尔既指赵本立为正凶，何以赵本立入藏尔又擢升为营长耶？"钟颖语塞。案遂定，钟颖伏诛焉。余则宣告无罪，仍回湘西镇守使署任参谋原职。此民国三年春间事也。予近于友人处，得读英人麦克唐纳所著《旅藏二十年》[3]一书，于西藏变乱经过及长裿死事原委，言之綦详。此君初入英国荣赫鹏之远征队，入藏后，又任英国驻亚东、江孜等地商务委员。在藏二十余年之久，于藏事研究极为明晰。兹录其原文数则于下，亦可为罗案之铁证云。

中国军队缘意见不合，遂将大臣联豫（Lien Yu）推倒，并劫掠他所有财物。嗣后，拥戴 Chien Hsi Pao 作他们的领袖。但是他掌权不久，大约在一月光景，也便经春丕谷逃亡印度，转回中国。中国驻藏高级使臣 Hai Tsu 也马上追随而去。只有大将钟某在藏统领兵士，作最后的挣扎。

一千九百一十二年九月七号，我接到一封驻藏大臣联豫和在拉萨陆军中将钟颖（Chung Yin）两人签字的信件，请我照料二千遣送印度的兵士。这些兵士来到春丕谷，在那儿等候大将钟某来临。待钟某到后，他们有很多人，愿意钟将军留在春丕谷，为中国保持这一块地方。西藏土人闻讯之下，异常惊骇，于是到我面前请求代为设法。我自然只好保持中立态度，不能偏袒他们。西藏官吏便招集民兵，以兵力驱逐中国人出境。在这和平的谷内，我预料不久便有严重的事态发生。

然当时因有中国电报来到，把钟将军的兵权解除，并训令他立即回国，所以情势又趋缓和。我听说他回国审问后，因犯两大罪过，竟被枪决。据说他曾愿杀害前驻藏的中国高级官吏罗君（LO），并且认为，他对于平定西藏，没能够尽到责任。自钟将军离开，从拉萨来的中国军队，也没发生任何扰乱。这时，除非西藏东境，有中、藏两军对峙外，西藏境内全无中国军队。当拉萨军队开到亚东时，便行任意掳掠，贵重玉器及瓷器等物，均扫数抢去。在这地方，假使有收买商贾，马上便可致富。这些中国人，虽然掠取许多贵重宝物，很难带出西藏。因为他们需要现钱，所以要赶快变卖。

联豫是在拉萨被推倒的一个中国官吏，最后离开西藏。一千九百一十二年十二月，经过亚东，他和我在一块吃饭。席间，他对于最近的变乱，略有意见发表。对于开到的中国军队，特别指摘，谓这些军队没有适当训练，他们的官员，也绝不能约束他们，于是他们变乱抢劫，拥护 Chien Hsi Pao 为首逆，不过尚没有杀掉前驻藏大使。这一位中国的老官吏，从前有很大威权，现在潦倒到这种地步，随身除衣服而外，一文莫名，真令人可怜。

注释

1　神兵，民国时期活跃于湘、鄂、川、黔地区的民间武装组织。该组织以防兵防匪、抗捐抗税为目的，因成员信奉降神附体、宣扬刀枪不入，故称为"神兵"。

2　那桐，清末先后充任户部尚书、外务部尚书、总理衙门大臣、军机大臣、内阁协理大臣等。

3　麦克唐纳在藏二十余年，在此期间，西藏发生的许多重大事件，他无不参与其中，从中操纵调度。他站在殖民者立场，记录了英军入侵拉萨，达赖逃往内地和印度，与班禅会晤及班禅赴印，清朝驻藏官吏、中华民国成立对西藏的影响，川军入藏和撤退，驻藏大臣的倒台等史事，对于中央和西藏地方关系，颇多挑拨离间之语，而对英人侵藏，又多掩护之词。下文中"回国""中国军队""中、藏两军对峙""驱逐中国人"等许多表述是错误的，请读者注意。

赵尔丰轶事

清对藩属之政策

清对藩属，惟事羁縻，此其二百余年传统政策也。余绥靖工布，后鉴于英人谋藏急，乃条陈建省之议，卒不报。明年，左参赞罗长裿出藏督师，余就而问焉。长裿曰："子所条陈，联帅嘉赏者再，亦徒有嗟叹而已。"余问故，长裿曰："联帅初入藏，亦有建省之议。请拨银四百万，折留中，不发。越年，联帅乃弟某放潮州知府，入京引见。联帅嘱其便谒那相，一询究竟。盖联为那之母舅，甚亲密也。既而某至京，问那相曰：'大兄所奏改省之议，折留中，未审何故？'那蹙眉言曰：'蒙古、西藏乃朝廷数百年唾弃之地，尚何建设之可言。'其寄语大舅，好自为之，明年出藏，可望优选。人生几何？幸勿自苦也。"余乃憬然悟知清廷之不可有为也。自后国事日非，外侮凭陵。

尔丰之伟略

当清之末造，英谋片马[1]，清廷梦梦。川督锡良用赵尔丰之策，改西康为行省，以杜外人窥伺。尔丰又献平康三策，拓地三千余里。凡政治、经济、文化、交通诸大政，莫不纲举目张，措施咸宜。英人望风屏息，达赖震惧出亡。虽清祚已终，大功未蒇，而其创造精神之伟大，有足令人惊叹者。后之建牙川边，足不出炉关，而糜费已达六七百万金之巨。

且尝役丁数十人，异一穿衣镜到炉城，费亦数千。则以此例彼，判若云泥。余景仰前贤，遗惠至今，爰述往事，昭告国人，将以树之楷模焉。

尔丰之略历

赵尔丰号季和，满洲汉军旗人。兄弟四，尔丰其季也。与兄尔巽，皆为清末疆吏中之铰铰〔佼佼〕者。性刚正廉明，能耐劳苦，晓畅戎机，尤擅文艺。初由供事议叙盐大使，分发广东。时粤督为南皮相国，尔丰每参筹，持论侃侃。南皮异之，荐升知县。改省山西，又见赏于晋抚锡良。后锡良历任河督、汴抚、热河都统，皆奏尔丰自随。去汴时，西人至京留之。锡良电清廷，谓"封疆大吏，系一省之安危。进退之柄，岂能授人。望勿听外人之请求，作疆吏之去就，以免履霜冰渐，驯至太阿倒持"。时议韪之。此奏议即出尔丰手笔也。

赵屠之名

锡良督闽浙未行，改督川。时尔丰已积功至二品衔，军机处存记道，随锡良至川，主持枢密，擘画精详，遂实授建昌道。而锡良又欲促成川汉铁路，奏请开尔丰建昌道缺，给三品卿衔，授为川汉铁路督办。朝议不可，遂赴新任。时叙永哥匪横行，挟制官府，扰害闾里。尔丰捕杀数百人，哥匪敛迹，人民始获安居，遂有赵屠之名。迄今叙永荆榛遍地，人民犹思之不忘云。

尔丰之平康三策

锡良见国步益艰，藏事日棘，乃纳尔丰平康三策。首将腹地三边之倮夷收入版图，设官治理。三边地皆倮倮，界连越嶲、宁远，诸番夷山居野处，向无酋长，时出劫掠，边民苦之。然地多宝藏，产药材尤富。三边既定，则越嶲、宁远亦可次第设治，一道同风。此平康第一策也。故事驻藏大臣及六诏台员，每出关时，悉在炉城奏报，某月某日自打箭炉南门或北门入藏。相沿既久，英人每执奏报为言，以为炉城以西，皆属西藏辖地。我与交涉，理屈词穷，界限牵混，堂奥洞开。尔丰力主改康地为行省，改土归流，设置郡县，以丹达为界，扩充疆宇，以保西陲。此平康第二策也。川藏万里，近接英邻，山岭重沓，宝藏尤富。首宜改造康地，广兴教化，开发实业，内固蜀省，外拊藏疆。迨势力达到拉萨，藏卫尽入掌握，然后移川督于巴塘，而于四川、拉萨，各设巡抚。仿东三省之例，设置西三省总督，借以杜英人之觊觎，兼制达赖之外附焉。此平康第三策也。锡良嘉其议，据以入奏。廷旨报可。尔丰至边，以建设百端，非财莫举，边地贫瘠，势难聚敛取盈，乃请锡良划川省糖、油、烟、酒四税，以供西征之费。更拣调四川文武官吏多人，以资佐理。财用既足，人才跻跻。会打箭炉同知刘廷恕请开采泰宁寺金矿，喇嘛出而阻挠。乃调泰宁营都司卢某驰往镇慑，竟被戕。锡良檄提督马维祺讨之。马，云南人，老于行伍，一战而定，番人慑服。方旋师康定，而巴塘之变又起。

凤荃开垦激变

巴塘为西康中心，气候温和，地土肥沃。清廷界凤荃以驻藏帮办大臣，加副都统衔，衔命出关。见东西洛俄宜耕种，巴塘水草茂美，尤宜屯垦，乃咨川督请移民开垦。遂驻巴塘筹划经营，不遗余力。时七村沟番众，受丁零寺喇嘛嗾使，谓："神山不可犯，请勿开采。"凤荃性烈如火，竟笞责其代表，遂激变。远近骚然，围凤荃于大木司寨。凤荃兵少，不敢战。水绝，掘井无泉，众饥渴，飞章告急。时马提督驻泰宁，方从事善后，以番人鼓噪不足虑，迁延不进。番人见无兵至，围攻益急。巴塘军粮府及都司劝凤荃且回炉城，以避其锋，俟马提督兵至再同进。凤荃意为所动，第恐番人拦击军粮府等，复谕番人勿阻。番人阳许之，而阴伏兵于红亭子山后，距巴塘不及二里也。及凤荃至，伏兵夹击，遂死焉。随员卫士，亦无一生还者。惊耗传至成都，尔丰力主乘此用兵，以为改建行省之张本。洋洋数千言，颇中肯要。锡良韪之。奏委尔丰为军务督办，以马提督之兵，直攻巴里。而乡城首叛，举兵响应。七村沟、丁零寺、泰宁寺各番众，相继叛变。至是，边事益扩大矣。

三昼夜须发尽白·察地得泉

乡城在里化之南，久沐治化。然民性凶悍，恃在险远，杀人越货，视为固常。川督檄索文催，蔑如也。乃令乍了守备李相福驰往，会同桑披寺喇嘛审理，竟为所害，剥皮实草，悬之以示威。提督夏毓秀率师讨之，不克而还。其游击石某陷贼中，亦剥皮如前。乡城首叛，尔丰不动声色，筹运粮弹，进驻巴安。乃分兵由稻坝、喇嘛垭两路进攻。迨喇嘛垭一路攻破，大竹箐番兵退冷龙沟，又败之，遂围攻桑披寺。寺踞半山，皆绝壁，有流泉，源源不绝。前右二面，居高临下，俱为平畴。寺外碉堡珠连，坚墙环绕，寺内屯积粮食尤富。番众野战不利，踞寺坚守。我军肉搏攀攻，死亡甚巨。历时半载，迄无成效。攻守之势既异，劳逸之形又殊，粮弹将绝，兵心涣散。川督复斥尔丰老师养寇，尔丰惶急，三昼夜须发尽白。计惟长围久困，断其汲道，然后可图。

又围月余，番众复将鲜鱼重三四斤者，由寺内掷出，以示整暇。尔丰见之，益惶恐。然围攻已久，寺中储水甚多，必有源流。乃令部众日登山寻水源。又经半月，一士卒足陷土穴，穴下陷而深。掘尺许，闻淙淙有声。再掘之，见陶管，清泉四溢。尔丰登山，细视甚久，决其为寺中水源。又投麦麸陶管中，遣人至山下水沟觇之，果见流出，始信之。急塞其管，引而他流，于是寺水遂绝。

伪装骗开喇嘛寺·尔丰屠杀叛兵

又历月余，日夜攻扑皆不下。一夜，忽见寺门微启，有黑影匍匐地上，毙之，乃下山取水者。尔丰知寺水已涸，大喜，激励士兵，负土囊，乘夜逼进寺门，为横墙。自是，时有少数番众，乘夜突出，皆为击退。又一夜，番众百余，三路突出。我军猛火射毙数十人，俘虏二人，余仍退回。搜俘虏身畔，得藏文书。译视之，乃遣赴泰宁、丁零各寺求援者。书中情词甚迫，略谓寺中绝水十日矣。君等不急救援，我惟一死以谢之。我死，寺不守，祸且及君。请二日内来援，幸勿作壁上观。尔丰得书大喜，乃以兵一哨，饰番人装，执炬鸣枪呐喊而至。围师半伏半退。寺门果开，番众以为援兵至矣，冲门出，皆渴甚，奔伏寺外沟中饮水，死伤不顾也。立毙六百余人。入寺，池水已涸，而粮食盈仓，尚有千余石。其首恶喇嘛香焦普忠，三日前已缢死矣。李、石二人之皮犹悬寺内，乃合葬于冷龙沟山麓，立双忠祠祀之。

围桑披寺久，弹药缺乏，尔丰禁士兵任意发射。乃号令军中，每战发弹几何，必缴首级如数，违者斩之。因是杀戮官兵甚多。迨困守半载余，官兵疲惫不堪，尔丰尝夜出巡视哨线，见官兵盹睡者，即斩以殉。又因死伤日众，兵心颇动摇。当寺破之夜，有兵一哨乘夜叛走。行未远，闻枪声激烈，有后至者云"寺攻破矣"，乃还。寺破三日后，尔丰集全军训话。士兵立候甚久，尔丰犹未出。适天微雨，士兵摘树叶覆首，移时，尔丰步出，呵斥之，士兵尽去叶肃立。尔丰乃宣告前夜叛变官兵罪状，一一唱名，由列中曳出，共七十余人，立斩之。众屏息，莫敢声。其威棱可知矣。

平定瞻对

乡城既破，远近震恐。于是改土归流，令行禁肃，此尔丰平康第二策也。仅三岩、瞻对仍顽梗不化。瞻对旧属川康，产金甚旺，清廷视为不毛，畀之达赖。其管事每纵番民，肆行出劫，川督诘责之，词多不逊。嘉庆时，举兵叛变，川督遣罗思举讨之。裹粮深入，轰陷碉堡，尽歼之。光绪时，又叛，川督遣周万顺讨之。番人墙高壁厚，设计死守。我军乃运巨木，斜倚墙壁，人隐其下，掘地道轰平之。时川中大吏仍未措意，久之，仍为达赖所有。尔丰平定乡城后，乘战胜余威，以临瞻对。番人畏威降服，乃设官治理，收归川康。达赖至是亦震于声威，不敢再争矣。

平定三岩

　　三岩俗犷悍，康中夹坝，以三岩为最，番人苦之。川督遣夏提督率师讨之，因不谙地形，竟为所围，乃与言和，封上中下三岩皆为千总，纳岁币、申盟约而还。自是厥后，益肆披猖，附近番民遍遭荼毒。时乍了、昌都尚未改革，尔丰巡边所至，番人泣诉三岩夹坝之残暴，乃密议进讨。筹备半载，先传示三岩，限七日前来投诚。三岩反激尔丰，限其三日前往议款。尔丰知不能抚，乃分兵四路进袭之。一路从白玉向大金江进，二路从帮喜、孟喜进，三路从牛谷涉喜松进，尔丰自率第四路，由乍了西进，居中调度，均至熊松会师。既而四路之兵猝临，番人险要已失，征集不易，各保村塞，仓皇拒战。不一旬，全部底定。诛其首要，设立汉官。至是，各处皆望风降附，不敢抗颜矣。

川边之设置

　　尔丰使署仍沿旧制，用文案、收支、巡捕、监印、校对、收发、差官、戈什哈，量才任用，各尽其职。改流之初，各属设设治委员，俟筹备就绪，然后改为府、厅、州、县，皆就设治委员中，择其成绩优良者委令试署。其原有六诏粮务员，仍照旧例，兼设治委员，而以康定府总其成。升巴安为首府，与康定平行焉。

边藏军火粮饷，向由成都解交，康定府转发各台，故昔日虽为雅安分驻之同知，然统辖六台，兼理民事，为后路总粮台，故称为军粮府。

教育之勃兴

尔丰治边，震以军威，设置郡县，然后创办教育，振兴实业。若经济，若交通，若屯垦，皆次第推行，不遗余力。一张一弛，既庶且富。尤以教育进步之速，有非吾人意想所及者。初设学务处于巴安，聘井研吴嘉谟为总办，统筹全康教育之设施。又设师范养成所，考取资质聪颖、熟谙唐古特浅易文字者入所学习。半年毕业，分任各属教师。尔丰又以所采小学教本不适用于番地，乃本南皮相国中体西用之旨，重加编订，成书三册，通令各校一体采用。巴安设男女小学校各一所，半年之后，则推广于各属。递年推广，期以四年后普及于全藏。既多方奖励男女学生，又严定粮员办学考成。半年后，尔丰亲赴各属视查。以炉霍屯粮员吴粹安办学成绩极佳，乃大加褒奖之。其他办理不力者则撤参之。

优待男女学生

尔丰至巴安，女校列队出迎。电报局长乃兄某以番语调戏之，女生大哗。尔丰闻而大怒，立擒至，欲斩以殉。众为乞哀。痛捶之，令向女生一一叩谢，始释之。尔丰每至一处，凡考取前茅各生，皆优予给赏。且令其父兄同至，尔丰亲出接见，令诸生坐谈，假以词色，其父兄则侍立，以宠异之。盖番人谒汉官，无尊卑，皆跪伏拜见，无敢立谈也。期年后，尔丰又赴各属视查。见试卷成绩甚优，疑为教员捉刀，乃亲莅学校，出题试之。汉文能作数百字，而又明白晓畅者，得七十余人。尔丰大喜过望，更由成都选聘教员甚多，每属以一人主持之，力谋推广。一时风行草偃，番人子女争以求学为荣。使非改革后边局破坏，则历时念载，番人早已同化矣。

厉行六要政

康地设置郡县后，尔丰公布六要政：一曰清盗匪，二曰平争讼，三曰勤职业，四曰爱清洁，五曰敦伦常，六曰服公役。皆针对藏俗施治也。通令各粮员，实力奉行。并定粮员，每月以二十二日，按行各乡村。每至一处，则召集番民，详细宣讲。以八日住衙办公，凡粮衙例行上呈文书册报，悉除去之。又以勤政爱民勖各粮员。尝召集粮员晓之曰："粮员职视知县，即民之父母。知一县事，知人民事也。

故勤政爱民者，因爱民而勤政，非勤政为一事也，爱民又为一事也。凡民有疾苦，而官不能知之，不能救之，是贼民者也。"又令粮员曰："人民争讼，宜就乡村了之。凡粮衙积案至十，则罚俸示儆。"尔丰尝道宿乡村，见一家三口无隔宿粮，以问粮员。粮员不知。尔丰斥之曰："民穷困至无以为食，尔犹懵懵，民之父母固若是乎？"竟严惩之，号令各属。

番人塑像示敬

尔丰性嗜杀，尝杀数百人，无反顾。有讽之者，尔丰曰："吾非不知以恩结之，然康地久在化外，民不知法，故不能不以法绳之，法极然后知恩。且乱世用重刑，亦不得已而为之，非嗜杀也。"迄今番人畏威怀德，奉尔丰若天人。各喇嘛寺，皆以酥油塑尔丰像于柱上，貌极狞恶，口吞一番奴，手执两番奴，足又踏两番奴。藏俗示崇敬意也，昔惟年羹尧塑像如此。今尔丰像已遍全康，亦可见其威棱绝塞，番人畏服也。

设立宝丰隆银行

康藏万山重沓，交通不便。官兵汇兑，皆俟委员赴川请领，托便寄归。然每年仅一二次，需时恒在四五月。至若活动金融，发展事业更无论矣。尔丰锐意振兴康藏，计虑深远，乃考察商情，精心筹划，于拉萨、巴安、康定三处设立宝丰隆银行，资本为一百万元。其股东则为川藩许润度、浙藩荣铨之弟荣鳞、成绵道沈秉坤、宝丰隆银号店东乔荫圃等。因康藏风气闭塞，民智朴陋，遽言招股，无肯投资也。尔丰更计划开采十三处金矿，及各属造林开垦，皆官督民办。此项资本，得由宝丰隆银行贷款。至川藏交易，番商以麝香、兽皮、兽毛、药材等，由炉关运至成都。汉商则以砖茶、布匹、杂货运至炉关。然番商出口之货，所值甚少，而贩买入口之货，所值甚巨，番商每年须解生银百余万，至炉关贩买茶布，交通困难，夹坝尤多，番商苦之。银行成立后，一纸汇票，只身即行，商人称便。至于官兵汇兑，尤为便利迅速矣。

交通之发达

康地山岭，虽极崇隆，幸倾斜纡徐，绝少峻坂。以视炉城、雅州间之大小相岭、飞越、乌鸦各岭，则又瞠乎其后矣。特康地河流，皆导源于金沙江，水中含有金质，饮之气喘，每登一山，则喘息不能续，非如炉雅间山岭，陡峻难行也。尔丰初令各属修筑车路，用牛挽之，番人分段担任。半年后，山径悉变康庄，行人称便。由炉城至拉萨，旧有驿站，文书往来，皆乘马递送，日行百余里。尔丰严加整顿，制为雷牌。各地传递文书，日行三百里以为常。昼夜兼行，则六百里矣。

江口之铁桥

河口为雅龙江下流，乃由炉入藏孔道，有上中下三渡，河口适当中渡。雅龙江自东北而南，掠河口而过，水湍而深，多乱石。其西岸一带横山，列如屏障，沿河而下；其东岸上一山，亦沿河下，其上有小溪，自东北来，掠山麓入江。过溪又一山横列，与河平行，河口县治即依山而立，面河临流，番人旧以皮船渡之。清初，用兵西藏，乃调千总一员，专守津渡，造极大木船，能容百数十人，以营兵充水手，自是行人往来，咸沾利涉焉。尔丰经营康藏，首利交通，乃聘比人测勘水势，更从渡口之上，河幅峻窄处建筑铁桥，东岸穿山洞而过。工程浩大，费款百余万金，亦康藏之一大建筑也。清宣统末年竣工。其后，川军管带陈凤翔，由乡城叛变，防军队追击，将桥撤毁，至今犹未修复。前人惨淡经营以成之，后人听其废弃而不顾，斯亦可以深慨矣。

霍尔章谷之垦务·移民开垦

康地多山少平原，自出炉关，即地寒雪早。土宜稞麦，更无水田可以种稻。番人以畜牧为生，其未经耕凿之地，皆其游牧之所。尔丰稔知边地奇寒，将欲从事开垦，必先便利交通，移民殖边，使气候转变，方易耕种。其移民屯垦，初发轫于北道霍尔章谷。当锡良督川时，适霍尔章谷土司身死乏嗣，有朱窝土司以姻娅欲兼并之。其地番众不服，诉于打箭炉同知，转呈尔丰。尔丰知霍尔章谷土肥气暖，宜种植，亟欲设屯开垦，以为经营川边之入手，请于锡良，许之。遂奏改霍尔章谷为炉霍屯，升打箭炉同知为直隶同知，而以炉霍屯隶之，委吴粹安为炉霍屯粮员。粹安才识优越，乃锐意垦植，期年之后，平畴遥望，俨同内地矣。盖康地虽寒，然沿大小金沙江流域，气候较为温暖。霍尔章谷当小金沙江流域，桃李成荫，桑麻遍野，地广土腴，足可耕屯。山秀泉多，足资灌溉。其接近霍尔章谷之道坞、甘孜亦然。惟河水多系积雪融化，性较阴寒耳。是地垦植成效已著，遂及巴安。巴安亦沿大金沙江流域，故气候温和，为全康之冠，地势亦极平衍。尔丰以军事方殷，复请四川矿务局委员试办，尔丰仍负督办全责。乃召集三曲宗僧俗，谕之以理，诱之以利。皆具状承诺。遂严定规章，由川召人出关，发给种牛、籽种、口粮，从事开垦焉。

军事之筹备·边军之勇敢善战

尔丰留心边事，随锡良入川，见边事日棘，英俄伺其旁，商请锡良就四川财力，练兵三镇，为常备军。一镇戍藏，一镇屯康，一镇留川。以三年为瓜代之期，更番调换，九年则各镇周历边地，习劳耐苦，则退为续备军。更练三镇，以备边防。锡良颇纳其言，旋调任云贵总督。继之者为岑西林，因见嫉亲贵，荐尔丰自代。岑任晋藩，与尔丰同省，深知其贤也。尔丰继之，乃极力筹备。于九眼桥成立兵工厂，又于中和场成立白药厂，并改旧机器局为造币厂，规划宏阔，至今川人犹利赖之。不久，清廷以尔丰乃兄尔巽任川督，晋尔丰尚书衔，授驻藏大臣兼川滇边务大臣。达赖惮其英明，腾章诋毁，尔丰乃辞藏务。清廷方羁縻达赖，遂以联豫代尔丰驻藏大臣。尔丰则专任边务，率西军八营进驻巴安，后又续募兵四营，号新军，共六千三百人。所部能耐劳苦，善野战，身佩九子枪 [2]，日行百四十里不以为苦。番人食糌粑，须以热茶调之。尔丰之兵，冬月取冷水，调糌粑为食。其坚苦卓绝之精神，番人尤敬服之。余随军入藏，次昌都。尔丰以陆军未经战阵，官长皆学生，又初入藏地，未谙番情，因集全协军官训诰。久之，犹记尔丰有口诀二十余条，皆其平定边地经验所得者。惜年久遗忘矣，但记"逢岩莫跳，逢拐莫行，深林密菁放火，中途半夜劫营"等条。后余用兵波密，我刘队官之死，死于跳岩中枪，其明验也。

尔丰胆气绝伦

尔丰胆气殊绝于人。乡城之役，尝攻一山，尔丰亲出督战，伤亡数十人，余皆退回。尔丰督益急，管带某甫登隘口，弹如雨注，即负伤畀〔舁〕回，众相觑莫敢进。尔丰大怒，亲挈勇士十余人，奋而先登，竟无恙。众继之，遂克。时尔丰年已七十，犹携九子枪，佩弹五十发。又腰系手枪、水瓶，冒弹涉险，健步登山，各管带莫能及也。性爱一猫，行止与俱。每属文构思，则蹲地频拂其尾，思成复起，疾书之。

施种牛痘

番人忌痘，患者送野寺中，给以饮食，听其生死。死数日后，始弃诸原野，听野兽食之。且不知医药，惟信僧巫。患痘误死者，岁不知凡几。尔丰乃由成都牛痘局，延医至川边，设所种痘。番人视为畏途，乃先种官兵，官兵欣然。继种学生，学生畏服。番人见学生皆无恙，始信牛痘之有益。于是未患者多求种，已患者来求医，医生遂日不暇给。而乡间来求医求种者，尤络绎于道。乃择聪颖识字士兵多人，教以种痘之法。一月之后，分赴各属施种。从此康地痘患渐舒，痘科遂盛行于塞外矣。

植棉

康藏无棉，番人衣服悉用毡质。番女左于握羊毛，接以细线，一端系锤下坠之。右手挫线，旋转不已，徐松左手，即缕缕成丝矣，亦如内地纺纱状。尔丰提倡种棉，在鄂雇农民百人，携棉种至巴安种植，沿途逃亡四十余人，到巴安后，因不耐风寒及饮食，又死数人，仅余四十人矣。种棉六七月，棉本高可隐人，花开如掌，实大如橘，惜八月霜降即萎，未及成棉耳。

灵石记

尔丰驻昌都久，见双江环抱，两岸夹峙，风景宜人，临流观水。生平好石成癖，至是见水中一石，巨如卵，晶莹可爱，令左右取至。色浅绿，现白纹，依稀成字。稍移而谛视之，反覆成文。详审再三，共成一百一十余字，兼汉、满、蒙、藏四体。尔丰得之狂喜，遂竭泽求之。又得数石，中一石亦白纹，则赫然"赵大人宜侯王子孙昌"九字，钟鼎文也。赵益大喜，又勤搜遍索，得一石，现"赵尔丰"三字，绝类刘石庵书。群相惊异，从人亦踊跃，日日入水求石，遂得成字体或篆书者百余石，而牵强凌乱者尤多。尔丰乃用双钩摹之，寄沪石印，作《灵石记》以志之。海内名达，和者如云，集成卷轴，重付手民，刻印成书，遍赠交好。余民五再游成都，得书一册，石一枚，惜归途失之矣。

尔丰之冤死

吾国哥老会势力，以四川为最，盖无贫富贵贱，无不入哥会者。清末盛宣怀入长邮部，主张铁路国有。川汉铁路之款，以租捐为多。故川人一致反对，设争路同志总会于成都，令各县设分会，力争之。于是哥老会乘机加入，借同志之名，为敛财之地。勾结匪类，千百成群。勒取富豪，威逼州县。路尚未争，蜀先被扰。适尔丰移督川，痛地方糜烂，出而弹压，哥匪即群起攻之，又赂其卫队反戈，遂被执。临刑神色自若，侃侃而谈。语毕，瞑目踞坐地上，众缢死之。呜呼！尔丰在康辟地三千余里，改土归流，设官移民，兴学育材，通商惠工，建设事业，方兴未艾。非如福安康辈师〔帅〕全胜之物力，挟百战之精兵，仅降服准廓部，即诧为奇功者可比也。不图清祚既终，尔丰亦随之而死。其开边与左宗棠同功，而食报与左宗棠异趣。人之有幸有不幸，何相悬若斯耶！哲人云亡，邦国殄瘁。吾谈边事，不能不深惜尔丰，又不仅深惜尔丰已也。噫！

注释

1　片马，今云南省泸水市片马镇，是中缅边境北段交通、商业往来要道。

2　九子枪，即 M1871/84 式毛瑟连珠步枪，因可以装九发子弹而得名。

西藏见闻杂俎

蛮人竞尚华服

西藏佛教，自宗喀巴成道后，以夙命、他心二通传于达赖、班禅，始立黄教。一时风行草偃，遍及青蒙，化民成俗，历久弗衰。故其布施，则以寺庙为多，其庄严则以藏土为盛，举国仰止，视为转移焉。自唐文成公主下嫁，番王赞普乃慕中土之文化，耻左衽之衣冠，全国人士，竞尚华服。除喇嘛袒半臂，效佛子装束外，迄今番人外衣，皆长一身有半，即其明证也。自满夷滑夏，神州陆沉者二百余年，一至番邦，尚存古制，可深慨矣。

唐古特旧制

达赖握政教权，尊严不可一世。至乾隆五十七年，廓尔喀降服后，清廷始加以限制，事事受制于驻藏大臣。迄清末达赖受英人利用，势力复盛，浸假而驻藏大臣亦视如无物矣。旧制，达赖以下设噶布伦四人，秩三品，由戴琫及商卓特巴等升补之。职视清之内阁大学士兼军机大臣。僧俗各二人，亦犹清之大学士，满汉各半也。其领兵者，为戴琫，秩四品。其下如琫秩五品，定琫秩六品，甲琫秩七品。其全藏兵额，步五万，骑一万五千，后减至三千。自达赖外附后，兵额增至万余，今尤有增无已。兵无定额，无训练，随意征调。其高级将兵者，多为堪布，亦藏俗重僧，又皆达赖之亲信也。

喇嘛修习之程序・喇嘛之考试

喇嘛教久已普及全藏，凡子弟四五岁，入附近小喇嘛寺，学习普通经典。成年后，即入拉萨学习。大抵初七八年所学者为因明，盖佛家五明之一也，所以辨正邪、明真伪。因明既通，再进而学法相宗。即唐玄奘所译《唯识论》也。以明性相二宗之要旨，亦须七八年。法相既明，又进而学中论，学有宗，各六七年。合之历时三十余年，方能赴甘丹、色拉应考。其取中者，曰吉须。于上焉者，为各大寺之堪布，次则为各小寺之堪布。凡取中者，须遍延本寺喇嘛食粥一次，所费颇巨。其贫而无力者，富户多乐为出之。名虽布施，实幸其为堪布，利益甚大也。朋辈亦各有馈赠，亦如科举时代之乡试中选也。堪布六年一任，优者得连任。每任获利多有至百万者。活佛贪财，佛恐不活矣。

余入藏三载，所至各地喇嘛寺，喜与呼图克图游。呼图克图者，各寺庙之大喇嘛，亦俗所称为活佛者。惟脚木宗、德摩两处喇嘛寺之呼图克图，与余极友善。每从问佛学，所谈颇精微。惜年久，半已遗忘。兹记其要如下：

德摩呼图克图年六十余岁，余叩以儒释同以善为归，善之要旨，可得闻乎？呼图克图曰："佛言深心、直心、广大心，即至善也，即宇宙本体也。故善不与恶对，其相对者，皆人事界之幻象也。故善不可减，恶不可增；善不可灭，恶不可生；

善不可离，恶不可即；善可为，而不可有为。既无执着，即无生灭，一切清净，与宇宙等其量矣。"余闻之，憬然若有所悟。

"三玄三要"之旨

脚木宗呼图克图，年亦六十余，余每三数日必一至其寺，晤谈尤欢。为余言"三玄三要"，反复谈论三次。余偶有所对，呼图克图点首微笑，曰："佛法唯是一心，不可思议。君具凤慧，言下即悟，非老僧所及也。"然余当时尚未窥佛学之门，呼图克图所言，大半不能解，至今犹深惜之。近数年前，晤老友瞿笙楼，固精于佛学，而于佛工致力尤深者。偶谈"三玄三要"，笙楼曰："此高僧也。"因取"有即非有"一句，说明"三玄三要"及权、实、照、用之旨。较呼图克图所言，尤精透。为表以明之如下：

非有　　　即　　　有
（空）　（中）　（假）
本体　　　作用　　　现相

非有（空）本体：
（　无差别　界真无　）
（　一切理　性无形者　）
（　一切空　）
（　破除一切惑莫太乎空　）
（一）要摄归自心兼
世法　教化
心即非心—空
合即非合—中
理即非理—假

即（中）作用：
（　不同而　不异而　同异者　中兼者　）
（　一切事　理转移　变化　半有半无者　）
（　一中　一切中　）
（　究竟一切义莫妙乎中　）
（三）要具足教化兼
自心　世法
同即非同—空
还即非还—中
异即非异—假

有（假）现相：
（　差别界　假有　）
（　一切物　事有形者　）
（　一假　一切假　）
（　建立一切法莫盛乎假　）
（二）要随顺世法兼
自心　教化
同即非同—空
转即非转—中
色即非色—假

226　艽野尘梦

上为"三玄三要",化分为九,总摄一切事理,已无不尽。

更演权、实、照、用四义如下:

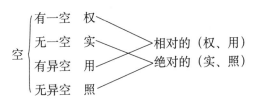

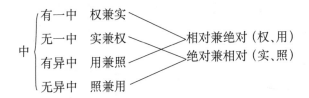

又演总一权、实义,如下:

(一)全权义(即全假义):有即虚妄有,则凡全有皆成一权妄之有

(二)全实义(即全真义):有即圆妙有,则凡全有皆成一真实之有

(三)即权即实义:注重一即字,则即权有而为实有,是双摄义,为有一有异之中

(四)非实非权义:注重一非字,则非权有非实有,是双破义,为无一无异之中

又演别异照、用义如下：

（一）横列相对义　即外物有而内心不有，相对也。盖以有为照，而以不有为用也

（二）纵列相反义　即现在有而将来不有，相反也。其照、用义同上

（三）即横即纵义　以外物之有即现在有，于我心、于将来同一，不有是不怀对待，而以一即字明示本体作用也。是为照、用同时

（四）非横非纵义　注重一非字，凡有与不有，一切相对义皆非（即虚妄）。既知非后，则真实之不非（即圆妙）亦即同时显明矣

大招之建筑

　　大招建自唐代。藏人神话，谓地本海子，文成公主解青乌术，以拉萨为妖女仰面形，海子乃其心血，宜湮之以资镇压，赞普信之。四面投石，久之，海中忽现石塔。乃掷石接木，灌以铜汁。龙王又献楼船，因以为式，建寺塔其上。以铜为壁，上涂以金，两廊供赞普、文成及其次妻白布国王女像，并绘唐僧四众之形。附会荒唐，实不值识者一笑。此招为拉萨各喇嘛寺之冠，凡活佛转世掣瓶，及其他盛会，皆在此行之。

传招之盛会

　　大招之外，又有小招。大招供如来，乃文成公主迎自中

土者。小招供珠吉多佛，乃白布国王女迎自西域者。此两招，皆为文成公主所建。大招西向，向佛土也。小招东向，思中土也。大招有熬茶铜锅一，其大无伦，可饮数百人。拉萨盛会，厥为传招。传招时，各寺喇嘛约二三万人，会于大招。以翁赞为之师，铁嗵纠其失，梵声螺贝，响彻云霄。茶酥牛羊，费逾巨万，商上岁支犒赏，为数无几，而番人布施，则多不可以数计矣。

传招共二十一日。正月初间择日为之。传毕，则各喇嘛负石块，加修藏江堤岸。每年加厚一层，以防水患。今日沿江两岸，已为街市中心矣。

喇嘛之顶礼膜拜

蒙古、青海、康边番民，越千万里，携金银珠宝，徒步乞食至拉萨朝佛。日日至大招前顶礼长拜（即磕长头），常候至二三月。达赖一出，则跪道旁，头顶宝物银锭。达赖随从收取讫，以鞭击之，则朝佛事毕矣。仍徒步乞食归。将至家，家人远接，亲友郊迎，喇嘛击鼓鸣磬候于道，如科举时代登蕊榜入玉堂，又如留学生新自欧美毕业归国，其荣幸犹远逊之。

布达拉之跳舞

正月元旦，达赖设宴于布达拉。召幼童跳舞，鼓声渊渊，其乐陶陶，其乐舞之遗意欤。越日，后藏花寨子番民，演飞神之技。悬皮绳数十丈于布达拉寺，猱而升，捷逾猿猴。既临巅顶，以板护胸，手足伸张，缘之而下。矢离弦急，燕掠水轻。岁应此技，得免徭役焉。

上元日，悬灯于大招内，燃巨灯万余盏，缀以五色油面，为仙佛妖异鸟兽之形，巧夺天工。城号不夜，男女华装，游览歌舞，半皆桑间濮上之行，岂真大会无遮，西方极乐耶！

正月十八日，集唐古特兵，戎装执械，绕招三匝，至琉璃桥南，鸣施巨炮，所以耀兵戎，驱邪魔也。

二三月间，布达拉悬大佛像，以绸为之。自五层至山麓，长三十丈。先一日，陈列大招所藏珠宝珍物，纵人游观。至悬像之日，喇嘛装鬼神、虎豹、犀象、人物之形，逐日绕市三匝，至悬像前拜舞歌唱，一月方散。

送老工夹布

噶布伦、戴琫等，亦于是时选幼童乘骏马，自色拉寺山麓，至布达拉山后约十里许，并辔疾驰，夺锦争胜。复以幼儿裸体跣足，自布达拉西，至拉萨之东十余里，亦以先到者为胜。二十七日，迎色拉寺之飞来杵至拉萨。三十日，送老工夹布，即打牛魔王也。以喇嘛一人伪为达赖，一俗人为魔王，诋达赖六通不晓，五蕴未空。互辩良久，各出粗如核桃、六面一色之骰子一枚。掷之，达赖皆卢，魔王皆雉。魔王惧而逃。众逐之，枪炮齐施。至对面牛魔山，复放巨炮，迫以远扬。至二月二日，达赖方回布达拉。今则长住山下，及时行乐矣。

唐时柳

藏地居高原，复岭穿峰，气寒风烈，所啖者牛羊，所饮者酥酪。其性皆热，足长体温。然热毒内伏，易生痘疫。故番人仰茶若命，赖以疏解。每至孟夏，即游柳林，无分贫富，举国若斯。拉萨遍地皆柳，相传为文成公主由中土携来之种。迄今寺内犹有巨柳，数人合抱者，称为唐时柳。未入春令，即已萌芽。拉萨为一极广大之平原，遍植柳树。一望绿杨〔柳〕成荫，浅草平铺。纵横为无数沟渠，引江水流入。沟宽四五尺，深一二尺，水离平地止一二寸。清流荡漾，好风徐来。各于沟内界以网绳，网内蓄鱼，听其游泳。藏多鹦鹉，皆能学语，或诵藏经，或传番语。高悬林际，其声清幽。番人赠余一头，乃初学语者，即能诵"唵嘛呢叭咪吽"一句。尝观番人教鹦鹉法，未明惊醒，以镜照之，教之语，一月后能言矣，半年后能应对矣。

游柳林·钟颖一醉几殆

藏人游柳林，择柳荫深处，张幕临流，举家而往，尝宿月余始归。其帐幕，贫者以白布为之，或但以布围四周，上无顶蓬，下铺破垫，宽仅容一二人。富者甲帐连云，无殊宅第。呼图克图之帐幕，黄缎绣花。达赖之帐幕，黄缎绣龙，式如宫殿。其地点以宫布塘为最，帐幕数千，散在林中。番人各携呛筒食品，畅饮醉歌，折柬延宾。男女携手，笑语闲行。每遇嘉宾，不醉无归。（略）

钟颖体肥豪饮，尝游宫布塘，番人敬仰，争出相迎。女郎数十，冶容艳服，齐来敬酒，互唱蛮歌，殷勤相劝。钟颖悦其妖艳，每酌大斗，辄一饮而尽。自朝而暮而天明，身陷群雌中，竟无脱之术，以致酒满腹胀，一醉几殆。从此，不敢再游柳林矣。

十月十五日，为文成公主诞辰，男女盛装，至大招顶礼膜拜。二十三日，为宗喀巴成道之期，万户燃灯，光明如昼。楼头僻处，幽会尤多，裙屐翩翩，卿卿我我。大会无遮，妖氛遍地，终不脱野蛮陋习。

布达拉之建筑

大小招建自唐初，以铜为柱。铜能耐久，故历劫不磨。此外以布达拉寺为最久，亦以布达拉寺为最宏。相传即吐蕃赞普王庭，历年既久，仅存正梁，明末第五世达赖葺〔茸〕而新之，迭经修饰，规制益备。计房舍万余间，共十三层，高三十六丈余。金顶金佛，动逾千百。珠宝尤多。华丽庄严，为西藏之冠。布达拉者，即普陀宗乘也。普陀有三：其一在印度之锡兰，为观音焚〔梵〕修处；其一在浙江之定海，为善财拜观音处；其一在布达拉，为观音停骖处。观音大士为救度凡夫而入世，愚者膜拜固非，通人诋毁亦妄。昌黎、紫阳，皆以攘斥佛老，见悦庸流，其实何尝闻佛老之大道，亦可悯矣。

别蚌寺

布达拉以外最著者，即为别蚌寺，距拉萨十余里。环以大城，前临大道，后倚山岩。建大寺二，金顶楼阁，经堂佛像，无一不备。有喇嘛万人。山下有垂仲殿，如中国之丛觋，番民极信仰之。

甘丹寺

别蚌寺外，有甘丹寺，又名噶尔丹，距拉萨八十里。相传为宗喀巴所建，亦即在此成道。其舍利塔、坐床，至今犹存。寺内喇嘛五千余。清时又赐名永泰寺。

色拉寺

色拉寺，番名奢拉贡巴，即华言金山寺也。寺内产金极旺，金苗粗者如粟米，遍地皆是，光彩耀目。以铁槛围之。有喇嘛三千余。又有降魔杵，相传飞自大西天。

桑鸢寺

接近甘丹，为四大寺之一，亦有喇嘛数千。

建亭寺

距拉萨半里许有噶玛霞寺，又名建亭寺。以喇嘛为护法，装神说鬼，达赖信之而致败。乃磔护法，而囚其母于工布之凯浪沟。余驻工布时，钦署始令余释之。乃一七十余岁老蛮妇，述其子跳神被磔死事，甚惨，言之凄然。活佛信神，真咄咄怪事也。

附　录

西藏始末纪要·达赖入觐（节录）

白眉初

整顿西藏政策之实施

光绪三十年，英兵入藏，达赖偕德尔智与布里雅德护卫兵七十名，逃入青海，将奔俄国。翌年春，驻西宁塔尔寺，见俄国连败于日本，始悟俄不足赖，大失望。同时受中朝劝诱，光绪三十四年八月，入觐北京。清廷加封达赖，为诚顺赞化西天大善自在佛，每年食俸一万两，派员护卫，优礼有加。惟当日达赖喇嘛驻京时，觉受照料大臣之监督，不第如同俘虏，身体失其自由，且于觐见赐宴，及慈禧太后万寿节时，所行礼节，太受屈辱，满怀不平，恒欲离京回藏。值是年十月，两宫崩御，溥仪嗣立，奉到上谕，内开"达赖喇嘛，于万寿节执礼甚恭，殊堪嘉奖，归藏之后，更望恪遵主国典章，所有事物〔务〕，勿庸直接奏明皇帝，具报驻藏大臣，令其代奏，静候敕裁"云云。此即清廷对于达赖喇嘛表明当时态度之谕旨。

光绪三十二年，中英《印藏条约》告成，赔偿英国军费二百五十万卢布，仍许英人入藏开埠通商。清廷因命张荫棠由印度赴藏办理善后。至光绪三十四年，张氏上疏清廷，略谓西藏当英俄环伺要冲，非亟力整顿，则殊难恢复主权。时值达赖十三由西宁入京觐见，遂乘此时机，改用汉员，训练藏兵，以备指挥防守，并派遣四川新军入藏，以期分驻要塞，是为整顿西藏政策之实施。

川军入藏

先是驻藏办事大臣兼边务大臣赵尔丰奏请政府，编练常备新军，以武威震慑藏民。驻藏办事大臣联豫，亦曾疏陈藏中情形，奏请派兵入藏。清廷正筹议间，而川边各地藏官勾煽藏民，到处扰乱。赵尔丰力主用兵，先后戡定乡城之乱，削平盐井之乱，平定德格土司兄弟之争。同时电奏清廷，略谓各处扰乱，均与达赖有关。于是政府径向达赖诘问实情，达赖答词暧昧，乃命赵氏竭力剿办。同时更以藏介强邻之中，不亟自加经营，则不能保边圉而顾国防，乃采用赵、联、张三氏治藏条陈，决计派兵入藏。但兵少则弹压无功，兵多则微调为难，乃由四川选派陆军二千，命知府钟颖于宣统元年六月，率之西进，取道德格，延展迂回。及抵察木多，以西藏人嗾使类伍齐、硕般多、洛隆宗、边坝四部落藏人，阻止前进，劫夺粮饷，掳掠军官，赵尔丰在德格闻讯，立率边军兼程来援，会同川军，驱剿类、硕、洛、边四部落阻路藏众，川军得以乘胜前进。宣统二年正月，川军越丹达山而西，经江达，直驱拉萨，边军亦进驻江达，为川军声援，至五月，始回察木多。

西藏纪要·征剿波密始末（节录）

尹扶一　杨耀卿

西藏之东南有波密焉，地势天险，人民强悍。清代道咸年间，屡次投诚，屡次背叛。昔唐古忒出兵进剿，打败而返。其被杀死者，尸骸遍野，河水亦赤。从此唐古忒不敢侵犯波密境界。而唐古忒人民，见波密娃，无不望而生畏。其强悍有如是者。每岁四五月，唐古忒与波密沿边一代之居民，被其抢劫者，不可胜计。汉藏亦无如之何，只得忍受其害而已。

自川兵进藏，军势大振。宣统三年正月，驻藏大臣联豫令协统钟颖，相机收服波密，以除唐古忒之害，而统一藏地。初钟颖由工布派员入波密，晓以大义，令其输诚，不意派遣之员至汤末，竟被驱出境。于是钟颖率马、步各队由工布进攻，以川军三营管带陈渠珍为先锋，节节前进，暂达日贡山，忽被波密伏兵攻出，杀伤官兵甚众，退回冬久。敌势甚猛，莫可抵当，藏局因之动荡。

五月，联大臣撤回钟颖，派左参赞罗长裿接统其军，一面调边防军助剿，一面派土兵管带谢国梁统领硕板多、洛隆宗、边坝三路番兵，与边军管带彭日升会合，由春多山直捣波密腹地。当六月初旬，春多山巅之雪，犹积深丈余。过山四五里，气候渐次温和。长驱直下，数日达丁拉卡。波人毁坏桥梁，隔江拒守。河宽数十丈，水流波腾，无法可渡。惟孤军深入，进可图功，退必为彼所乘，兵法所谓，置之死地是也。一面布阵抵敌人，一面以架桥之法，冒险工作，越一昼夜而桥成。大军奋勇过桥，与敌肉搏奋斗。敌势不支，焚烧民房溃去，春多寺乃首先投诚。春多寺居波密之中，该寺周围如城池，有城门八，内有喇嘛数千人。因波密人好事争杀，此部落攻彼部落，每至数年不能解决，非有坚固防御不能抵敌者。春多寺既投诚，各处闻风投诚者甚多，独严罗卡、宿木宗两部，尤为波密之最强悍者，不肯归顺。因阳请大军入境，暗联合雨华、普龙各部之众，乘夜袭击。有头带〔戴〕铁帽，身穿铁衣者千人为敢死队，冒枪雨而冲锋直上，前扑〔仆〕后继，勇气百倍。我方奋勇抵抗，至翌日午后，敌始败退，遂乘势进取宿木宗，夺其堡寨。从此中波密各部落皆来军前输诚，独噶郎密波〔波密〕王自焚其寨，逃往白马杠一代。大军进至汤末、日贡等处，遂派兵与西路军会和，而中下波密之战事，告一段落。

西路自左参赞罗长裿接统川军，大加整顿，收复失地，节节进攻，冬久、绒坝之波军相继溃退。及与中路会合之后，罗长裿进驻春多寺。

东路军统领凤山，加派程、夏两营管带，由山岩、曲宗，逾康日山，进至上波密之松宗寺。该处僧民乘夜劫营，思抵抗大军。边军管带程凤祥率队奋勇抵御，逼敌甚众。敌不能支，焚烧该寺而退。该寺管辖六大村，每村有数十家，为上波密之最强悍者。其余达心寺、曲宗寺次之。松宗既下，达心、曲宗望风投降。凤山已先罗长裿驻春多寺，而白马杠等处，亦次第搜剿，军事遂告肃清。

军事底平之后，驻藏大臣联豫，因英人觊觎西藏，形势日急，恐日后中英交涉棘手，领土难以保全，拟将所得之波蜜〔密〕划归川边，属我腹地。当时罗长裿力争，坚持不可，以波密改两府一道，从事移氏〔民〕实边，作为西藏之新"殖民地"。联豫允其请，一面商请川军回防，一面奏请清廷。本年九月，因内地改革政治，而留驻拉萨一部分军队哗变，抢劫兵备处，继围攻钦差署，劫联豫于扎什城，拉萨秩序大乱。在波川军闻变，相继响应，缢死左参赞罗长裿，相率退出波密，回归拉萨。藏军亦退出藏境。噫！经一年之战争，所得之成绩，又复完全放弃，而波密仍归波人矣。

地势。西与工布接壤，北接拉里、边坝、硕板多沿边一带，东至苏穆宗，东南与察隅接壤，南过野人山与缅甸相接。东西约二十余站，南北约十余站。四面有大山，东北二面，每年九月后大雪封山，行人不能通过此天险之地。罗长裿主张置两府一道，不为无见。

气候。西藏地势甚高，气候异常寒冷，独波密内地气候温和，冬不见雪，夏无酷热，恰与哲孟雄之气候相等。

出产。兽类有鹿茸、麝香、虎皮、豹皮。粮食有稻、麦、荞麦、青谷、豆、粟、杂粮、蔬菜等类，与内地略同。人民以酥油茶等类入波易青谷各种粮食。云南人以茶叶、杂货等易鹿茸，麝香，虎、豹皮。该处土人以粮食为贸易，而货币则有银、川洋与印度之卢比。

交通。东自江卡过康日山，抵上波密，约十六站。云南由阿墩子至松宗，约十六站，惟地险不易同行。西由工布至春多寺，约十余站。此路冬无雪阻，不过道路宽狭不一，如加修理，通行甚易。将来入藏路径，如由江卡西行，经波密出工布达、拉萨，较察木多可近十余站。又不若北路经过数十处之崇山峻岭，备受风雪寒冷。倘日后从事调查测绘，当为中藏交通之要图。

按，波密既非西藏管辖，宣统三年曾被我军征服，英人闻我军征服波密，知波密土地之肥沃，更优于哲孟雄，前年曾派兵至白马冈测绘，亦思侵占其地。我政府如不速事规复西藏，收回领土，恐波密一入英人掌握，则川滇门户，益难巩固。关垂边防者，宜三致意焉。

辛壬春秋·西藏篇（节录）

尚秉和

初驻藏大臣联豫者，军机大臣那桐戚也。光绪三十一年由雅州知府，擢驻藏大臣。联豫为人小有才，不知大体。三十三年拉萨开埠，钦差张荫棠入藏查办。荫棠娴外交，处藏事得宜，联豫恐夺其位，构于政府，那桐助之，竟挤荫棠去。藏旧驻绿营兵五百人，足资镇慑。联豫性贪，不整顿旧营，而奏练新兵两营，以徐方锐为统领。方锐性刚猛，常失礼于其左右。联豫信谗，疑方锐者屡矣。一日方锐上谒论事，手摩刀柄，联豫遽指为行刺，缚出斩之。

三十四年，联豫复奏调四川候补道钟颖为协统，率兵一混成协入藏。实千余人。钟颖入藏旅费六十万，与联豫朋分。达赖喇嘛不知联豫练兵意在吞没帑项也，则大惧。达赖堪布夏札噶布伦者，狡黠阴险，凡藏事皆主之。联豫屡欲杀之，皆为人劝阻而止。夏札噶布伦闻之惧，遂挟达赖逃居英属大吉岭。时参赞罗长裿说联豫，速以计释嫌疑，迎达赖归。联豫不从，遂奏请革除达赖宗教名号，立威藏人。藏人信仰宗教深，望达赖甚急。联豫久之，始悟其非，遣罗长裿往迎达赖。达赖要求恢复名号，撤退陆军及联豫，始肯归。不得要领。藏人因达赖不归也，嫉恶联豫。初驻藏绿营兵皆娶有藏妇，人月给青稞一斗，年给米一石。米自食，青稞养妇，再从余资使妇人牧羊豕，以故安分不为非。及陆军来，欺侮商民、奸良家妇女日有闻。钟颖者，赔谷之侄，纨绔无军事知识，放任之，藏民益怨怒。

宣统二年，联豫复欲兴办水师，蓝翎侍卫杨有奎者，四川大邑人，其同里叶纶三，因有奎投效水师。纶三哥老会首也。既而水师议罢，纶三因居藏中，遂诱军人入会，开山堂，设局赌博，由是哥老会蔓延于陆军中。

至三年七月，〈驻〉藏军闻四川争路大乱，皆欲回川；又数月不发饷，于是哥老会首叶纶三、田德胜、苏宗干、张荣繁、严步云、吴金山、郭秉候等嗾军人为变。

九月丁亥，拉萨兵哗变，抢劫兵备处军械粮饷。戊子，劫驻藏大臣官署库房各局所，及街市巨商。举兵备处书记官李治平、标部书记官范金为总参谋。治平等固辞，众不允，乃与众约，禁剽掠，禁戮害满汉官，优待藏民以免妨害将来藏事。众允之。己丑夜，治平命田德胜等率兵入署，擒联豫置札什城营中。而统领钟颖以待兵宽也，众有附之者。至是膝行入营叩头，恳众释联豫。众犹豫，钟颖乃乘间命队官丁克敌率兵十余人，入营刺杀叶纶三，冀劫归联豫，由是营中大乱，自相残杀。

十月乙未朔，联豫竟潜逃回署，钟颖召李治平、范金计事，即囚之。而江孜一带陆军及警察，闻警亦折回拉萨。壬寅，联豫复逃居别蚌寺，以钟颖代理署事。是夜，钟颖阴杀李治平、范金，众闻之大愤。钟颖以重贿赂各军官，收江孜兵入伍，人犒饷银三月，仍照发正饷，众少定。然劫杀愈不能止，复强求西藏政府给资还川。藏政府恐其掠夺寺内宝物也，与之。

初，波密乱，钟颖将兵征之，辄败。联豫命参赞罗长裿代之。长裿御下严，而兵皆会党，闻拉萨乱亦哗变，缚长裿及标统陈庆至拉萨，请钟颖杀之。钟颖许参处，众不允。复拥长裿等回江孜，使服劳役。长裿自投崖下不死，乱兵曳之起，遂与陈庆同遇害。

联豫既退居别蚌寺，以革命尽属汉人，遂遣戈什哈闪圆光与乡僧密谋，连结达赖喇嘛起兵，攻灭汉族。达赖即遣夏札噶布伦传檄各境藏兵五十余人，围攻江孜。当是时拉萨兵初变，不服命令，而钟颖亦恨汉人革命也，坐视不救。

民国元年二月，驻后藏札什伦堡陆军闻之来援，连战数昼夜，毙藏兵千余人，汉军亦死数十人。后因粮弹将罄，英、廓两国领事出为调和，护送官兵至印，分期回国。三月癸卯，藏兵数万人，进围拉萨，汉军寡不敌众，死七八百人，拉萨衙署及军械局、铜元局，以次为藏人所夺。汉残兵被胁缴械，及大小官吏皆饥流印境。达赖复迫逐后藏班禅喇嘛，囚其左右；更进陷江、亚，逐靖西同知马师周。时参赞陆兴祺及师周自印度迭电中央及滇、川求救，情词哀切不忍闻，均以大局未定，不能顾及，而汉商民居藏者被屠几尽。藏人势力遂东渐及康。康人民种族、宗教、风俗、文字，大多数与藏同，所谓汉民不过十一耳。赵尔丰前既临之以兵，复革除藏番及土司苛政，古康民悦喜。然僧番遍境，声息相通，势力仍潜伏固结，至是达赖更密檄康地僧徒，唆蛮民仇汉。而边务大臣又久无人，于是康所有州县遂以次陷没矣。